DR. OETKER

SWEETS & CANDIES

KONFEKT, PRALINEN & BONBONS

VORWORT

Jetzt werden süße Träume zu Hause wahr:

Mit diesen Rezepten entpuppen sich auch Anfänger als Konditoren-Profis
und können selbst einmal Bonbons, Fudge oder Fruchtgummis machen.
Oder mögen Sie lieber Prosecco-Erdbeer-Marshmallows, Heidelbeer-Minz-Lollis
oder Maronen-Maraschino-Stangen?

Kein Problem: Dieses Buch bietet Ideen in allen Größenordnungen
von kleinen Köstlichkeiten wie Chili-Pralinen und orientalischem Konfekt
bis zu romantischen Versuchungen wie Red-Velvet-Herzen.

Eins sind sie alle: unwiderstehlich!

WEICHE FRUCHTFONDANT-BONBONS

150 g Maracujanektar
500 g Zucker
60 g Butter
1 TL Vanilleextrakt
65 g Weizenstärke
1 Msp. rote Speisefarbpaste
50 g Puderzucker

ZUSÄTZLICH:
Zuckerthermometer
Silikonmatte oder Marmorplatte
Frischhaltefolie
Butterbrotpapier

1_ Nektar und Zucker in einem schweren Topf (etwa 2 ½ Liter Inhalt) mit einem Schneebesen verrühren. Zuckerthermometer in den Topf stellen. Zucker-Nektar-Mischung bei starker Hitze auf 118 °C kochen. Zuckerthermometer entfernen.

2_ Die Zuckerlösung in die Rührschüssel einer Küchenmaschine mit Rührbesen füllen. Butter in Stücken und Vanilleextrakt hinzugeben und zerlassen. Die Zutaten etwa 3 Minuten auf höchster Stufe schlagen, bis der Zuckersirup milchig wird.

3_ Von der Weizenstärke 45 g hinzugeben und unterrühren. Den Rührbesen durch einen Knethaken ersetzen und die Masse etwa 10 Minuten durcharbeiten, bis die Masse etwas abgekühlt ist.

4_ Die Fondantmasse auf eine Silikonmatte oder Marmorplatte geben und so lange mit einem Metall-Teigschaber von außen zur Mitte hin schieben, bis die Masse auf Zimmertemperatur abgekühlt und zäh ist. Speisefarbpaste unterkneten.

5_ Einen großen Bogen Frischhaltefolie auf die Arbeitsfläche legen. Die Fondantmasse daraufgeben, einwickeln und etwa 12 Stunden bei Zimmertemperatur reifen lassen.

6_ Puderzucker mit der restlichen Weizenstärke (20 g) vermischen. Die Fondantmasse mit etwas Puderzuckermischung bestreuen und zu einer etwa 30 cm langen Rolle formen. Diese zunächst in etwa 1 cm breite Scheiben schneiden, dann zu etwa 4 cm langen Rollen formen.

7_ Die Fondantbonbons leicht mit der restlichen Puderzuckermischung bestreuen.

8_ Butterbrotpapier in etwa 8 x 10 cm große Rechtecke schneiden. Die Bonbons darin einwickeln.

→ TIPP:
Statt Maracujanektar können andere säurehaltige Säfte, wie z. B. Orangensaft genommen werden.

KOKOSWÜRFEL
WEISS-ROSA

160 g Butter (zimmerwarm)
120 g Kokosraspel
600 g Schlagsahne (mind. 32 % Fett)
100 ml Milch (3,5 % Fett)
700 g Zucker
500 g weißer Rohrzucker
40 g flüssiger Orangenblütenhonig

1 TL Vanilleextrakt
1 Msp. rote Speisefarbpaste
10 g Kokosraspel

ZUSÄTZLICH:
Backpapier
Zuckerthermometer

1_ Eine Auflaufform (18 x 22 cm) mit 10 g der Butter einstreichen und mit Backpapier auslegen. Dabei das Backpapier rundherum andrücken. 10 g Kokosraspel in die Form streuen.

2_ Sahne und Milch in einen schweren Topf (4–5 Liter Inhalt) gießen. Zucker, Rohrzucker und Honig hinzugeben. Die Zutaten mit einem Pfannenwender glatt rühren. Die Masse unter ständigem Rühren mit dem Holzpfannenwender bei starker Hitze zum Kochen bringen (dabei aufpassen, dass nichts am Topfboden ansetzt).

3_ Das Zuckerthermometer in den Topf stellen. Die Sahnemilchmasse bei mittlerer Hitze unter weiterem Rühren etwa 15 Minuten auf 116 °C kochen. Zuckerthermometer entfernen (dabei die Masse nicht berühren, sehr heiß). Den Topf von der Kochstelle nehmen.

4_ Die restliche Butter zur Sahnemilchmasse geben und mit dem Holzpfannenwender unterrühren. Vanilleextrakt und die restlichen Kokosraspel unterrühren.

5_ Die Masse in eine Rührschüssel gießen und mit einem Mixer (Rührstäbe) etwa 5 Minuten auf höchster Stufe schlagen, bis die Masse zu kristallisieren beginnt, aber noch streichfähig ist. Die Hälfte der Masse in die vorbereitete Form gießen. Die restliche Masse mit roter Speisefarbpaste einfärben und vorsichtig, esslöffelweise, auf der hellen Masse verteilen und glatt streichen. Mit Kokosraspeln bestreuen und bei Zimmertemperatur mindestens 8 Stunden erkalten lassen.

6_ Die Kokosmasse aus der Form auf ein Schneidbrett stürzen und anschließend in etwa 2 cm breite Streifen schneiden.

ERDBEERGELEE-WÜRFEL

(im Titelfoto, mittig)

500 g Erdbeeren
2 EL Zitronensaft
400 g feiner Zucker
30 g Apfelpektin-Pulver
150 g feiner Zucker

ZUSÄTZLICH:
1 TL Speiseöl
Backpapier

1_ Eine dickwandige Porzellan- oder Glasform (15 x 15 cm) dünn mit Speiseöl bestreichen und mit Backpapier belegen.

2_ Erdbeeren putzen, abspülen, abtropfen lassen und entstielen. Erdbeeren mit Zitronensaft und 3 Esslöffeln von dem Zucker in einen Topf geben und unter Rühren kurz aufkochen. Anschließend die Erdbeermasse pürieren.

3_ Ein Sieb auf einen dickwandigen Topf setzen. Das Erdbeerpüree durch das Sieb in den Topf passieren.

4_ Apfelpektin mit dem restlichen Zucker mischen und unter das Erdbeerpüree rühren. Das Erdbeerpüree bei starker Hitze unter Rühren etwa 1 Minute sprudelnd kochen lassen.

5_ Die Erdbeermasse in die vorbereitete Form gießen und etwa 3 Stunden bei Zimmertemperatur erkalten lassen.

6_ Das Erdbeergelee aus der Form lösen und auf ein Schneidbrett stürzen. Das Backpapier vorsichtig entfernen. Erdbeergelee in etwa 3 cm große Würfel schneiden.

7_ Zucker in einen Teller geben. Die Geleewürfel darin wälzen.

VANILLE-MÄUSESPECK

50 g Puderzucker
10 g Maisstärke
6 Blatt weiße Gelatine
350 g Zucker
1 EL Glukosesirup
4 Eiweiß (Größe M)
1 Prise Salz

1 Pck. Dr. Oetker
   Bourbon-Vanille-Zucker
20 g Gummi arabicum
Mark 1 Vanilleschote
je 1 Msp. gelbe und rote
   Speisefarbe

ZUSÄTZLICH:
1 EL Pflanzenöl
Backpapier
Zuckerthermometer

1_ Eine Platte oder ein Backblech dünn mit Pflanzenöl bestreichen und mit Backpapier belegen. Dabei das Backpapier andrücken. Eine Rechteck (etwa 20 x 32 cm) darauf markieren. Puderzucker mit Maisstärke mischen und die markierte Fläche etwa ½ mm dick damit bestäuben.

2_ Gelatine nach Packungsanleitung einweichen.

3_ Von dem Zucker 1 Esslöffel abnehmen und beiseitestellen. Restlichen Zucker mit Glukosesirup und 150 ml Wasser in einen schweren Topf (etwa 1 ½ Liter Inhalt) geben, mit einem Kochlöffel glatt rühren und zum Kochen bringen. Das Zuckerthermometer in den Topf stellen. Das Zuckerwasser bei starker Hitze auf 121 °C kochen. Den Topf von der Kochstelle nehmen und das Zuckerthermometer herausnehmen (dabei den Zuckersirup nicht berühren, sehr heiß).

4_ Eiweiß mit Salz in einer Rührschüssel mit einem Mixer (Rührstäbe) sehr steif schlagen. Vanille-Zucker und den beiseitegestellten Zucker unterschlagen. Den Eischnee noch weitere etwa 3 Minuten schlagen.

5_ Den heißen Zuckersirup unter ständigem Schlagen in einem dünnen Strahl in den Eischnee gießen (darauf achten, dass er nicht an den Schüsselrand gegossen wird, er kühlt sofort ab, wird zäh und mischt sich dann nicht mehr mit dem Eischnee). Eingeweichte Gelatine ausdrücken, unter die Eischneemasse rühren und darin auflösen. Gummi arabicum und Vanillemark unterrühren. Die Masse noch 1 Minute schlagen.

6_ Ein Drittel der Marshmallowmasse auf dem bestäubten Backpapier (etwa 20 x 32 cm) etwa ½ cm dick glatt verstreichen.

7_ Die restliche Masse halbieren. Eine Hälfte mit gelber Speisefarbe verrühren, in einen Spritzbeutel mit Lochtülle (Ø etwa 10 mm) füllen und gleichmäßig auf die weiße Marshmallowmasse spritzen. Mit einer Winkelpalette glatt streichen.

8_ Die restliche Marshmallowmasse mit roter Speisefarbe verrühren, in den Spritzbeutel füllen und auf die gelbe Masse spritzen. Mit der Winkelpalette glatt streichen. Mit einem Teil der restlichen Puderzucker-Stärke-Mischung dick bestäuben.

9_ Das Backblech oder die Platte etwa 6 Stunden in den Kühlschrank stellen.

10_ Die Marshmallowplatte mit einem großen Messer (dünn mit restlichem Pflanzenöl bestrichen) zunächst in etwa 4 cm breite Streifen, dann in etwa 5 cm breite Rauten schneiden. Die Rauten vorsichtig vom Backpapier lösen und evtl. mit restlicher Puderzucker-Stärke-Mischung bestäuben.

SCHOKO-HAFER-KNUSPERCHEN

100 g getrocknete Aprikosen
100 g Vollkorn Haferfleks® Knusper-Klassik
　(Kölln)
200 g Zartbitter-Schokolade
　(etwa 50 % Kakaoanteil)
1 TL Speiseöl

ZUSÄTZLICH:
Backpapier

1_ Aprikosen in sehr kleine Würfel schneiden und mit den Haferfleks in einer Schüssel gut vermischen.

2_ Schokolade in Stücke brechen, mit Speiseöl in einem kleinen Topf im Wasserbad bei schwacher Hitze unter Rühren schmelzen.

3_ Die Aprikosen-Haferfleks-Mischung mit der Schokolade vermischen und auf eine mit Backpapier belegte Tortenplatte geben (Backpapier evtl. mit ein paar Tupfen geschmolzener Schokolade an der Tortenplatte festkleben). Die Masse mit einem großen glatten Messer zu einem Kreis (Ø etwa 30 cm) flach streichen und etwa 1 Stunde in den Kühlschrank stellen, bis die Schokolade fest geworden ist.

4_ Dann die Schoko-Haferfleks-Platte vom Backpapier lösen und in kleine Stücke brechen.

→ TIPP:
Anstelle von Zartbitter-Schokolade können Sie auch Vollmilch-Schokolade verwenden oder beide Sorten mischen.

⏱ 50 Minuten, ohne Steh-
und Abkühlzeit
Backzeit: 30–35 Minuten

55 Stück

Haltbarkeit: etwa 3 Wochen,
kühl und trocken, zwischen
einzelnen Lagen Backpapier,
in gut schließenden Dosen

PANFORTE-KONFEKT
„WHITE HAWAII"

(im Titelfoto, links)

75 g Macadamianusskerne
(geröstet und gesalzen)
je 75 g getrocknete Mango,
getrocknete Papaya und
getrocknete Ananas
75 g kandierter Ingwer
75 g Erdnusskerne
(geröstet und gesalzen)
50 g Kokosraspel

150 g Weizenmehl
350 g weiße Schokolade
175 g Zucker
325 g flüssiger Honig
½–1 TL Cayennepfeffer
1 TL ger. Muskatnuss
1 TL gem. Piment
(Nelkenpfeffer)

2 Bio-Limetten (unbehandelt,
ungewachst)
3 EL weißer Rum

FÜR DEN GUSS:
100 g Edelbitter-Schokolade
(etwa 70 % Kakaoanteil)
1 EL Schlagsahne
25 g getrocknete Papaya

1_ Eine Springform (Ø 26 cm, Boden und Rand gefettet) mit Backpapier auslegen. Dazu aus Backpapier einen passenden Kreis ausschneiden und auf den Springformboden legen. Für den Rand einen passenden Streifen ausschneiden und gefettet an den Rand legen.

2_ Den Backofen vorheizen.
Ober-/Unterhitze: etwa 160 °C
Heißluft: etwa 140 °C

3_ Macadamianusskerne halbieren. Mango, Papaya, Ananas und Ingwer in etwa 1 cm große Würfel schneiden. Fruchtwürfel, Macadamianuss-, Erdnusskerne, Kokosraspel und Mehl in einer großen Schüssel mischen.

4_ Schokolade in Stücke brechen, in einem Topf im Wasserbad bei schwacher Hitze unter Rühren schmelzen.

5_ Zucker und Honig in einen kleinen Topf geben, Cayennepfeffer, Muskat und Piment hinzufügen. Die Zutaten bei schwacher Hitze so lange rühren, bis sich der Zucker aufgelöst hat. Den Topf von der Kochstelle nehmen.

6_ Limetten heiß abwaschen, abtrocknen und die Schale fein abreiben. Limettenschale unter die Honigmischung geben. Rum unterrühren.

7_ Honigmischung und geschmolzene Schokolade mit einem Holzlöffel gleichmäßig unter die Früchtemischung mischen (die Masse ist etwas zäh, aber sie klebt nicht). Die Masse in der vorbereiten Form verteilen, evtl. mit einem Esslöffel festdrücken und glatt streichen.

8_ Die Form auf dem Rost in den vorgeheizten Backofen (unteres Drittel) schieben. Panforte in **30–35 Minuten goldbraun backen**.

9_ Die Form auf einen Kuchenrost stellen. Panforte (das Gebäck ist jetzt noch weich) abkühlen und anschließend 12–16 Stunden bei Zimmertemperatur stehen lassen.

10_ Panforte vorsichtig aus der Form lösen und mit einem scharfen Messer in etwa 2 ½ cm große Würfel schneiden.

(Fortsetzung Seite 18)

(Fortsetzung von Seite 16)

11_ Für den Guss Schokolade in Stücke brechen, mit der Sahne in einem kleinen Topf im Wasserbad bei schwacher Hitze unter Rühren schmelzen. Die Schokolade lauwarm abkühlen lassen. Papaya in kleine Quadrate schneiden.

12_ Die Panforte-Würfel mithilfe von 2 Teelöffeln so in die Schokolade tauchen, dass eine Oberfläche mit Schokolade bedeckt ist. Überschüssige Schokolade durch vorsichtiges Schütteln abtropfen lassen.

13_ Die Würfel auf Backpapier legen und je ein Papayaquadrat auf den noch feuchten Guss legen. Guss trocknen lassen.

→ **TIPP:**

Für alkoholfreies Panforte-Konfekt können Sie den Rum auch weglassen.

🕐 30 Minuten, ohne Abkühlzeit | 60 Stück | Haltbarkeit: etwa 2 Wochen, im Kühlschrank, zwischen einzelnen Lagen Backpapier, in einer luftdicht verschließbaren Dose

GETREIDE-HONIG-POPS

150 g weiße Kuvertüre
50 g rote Kuvertüre
60 g Vollkorn–Quinoa, gepufft
30 g Vollkornreis, gepufft
40 g Dinkelpops (mit Honig)
20 g flüssiger Honig

ZUSÄTZLICH:
Backpapier

1_ Weiße und rote Kuvertüre fein hacken. Beide Kuvertüren getrennt in je eine Metallschüssel geben und im Wasserbad bei etwa 38 °C nacheinander unter Rühren schmelzen. (Hier muss die Kuvertüre nicht temperiert werden.)

2_ Gepuffte Quinoa, gepufften Reis und die Dinkelpops in eine große Schüssel füllen. Honig hinzugießen und mit den Pops gut vermischen. Die geschmolzene, weiße Kuvertüre hinzugießen und unterrühren, bis die Pops gleichmäßig mit der weißen Kuvertüre überzogen sind.

3_ Die schokolierten Pops mit zwei Teelöffeln in walnussgroßen Portionen auf einen Bogen Backpapier setzen.

4_ Die rote Kuvertüre mit einem Esslöffel auf die Schokopops träufeln. Kuvertüre bei kühler Zimmertemperatur fest werden lassen.

WALNUSS-FUDGE

150 g Walnusskerne
200 g gezuckerte Kondensmilch
250 ml Haselnuss-Drink
400 g Zucker
250 g Muscovado-Zucker
1 Prise Salz
80 g Butter

ZUSÄTZLICH:

etwas Butter (zimmerwarm)
Backpapier
Zuckerthermometer

1 Den Backofen vorheizen.
Ober-/Unterhitze: etwa 180 °C
Heißluft: etwa 160 °C

2 Die Walnusskerne auf einem Backblech verteilen und in den vorgeheizten Backofen schieben. Die Walnusskerne etwa 10 Minuten rösten, dann vom Backblech nehmen und beiseitelegen.

3 Eine Auflaufform (18 x 27 cm) mit etwas Butter ausstreichen und mit Backpapier auslegen. Dabei das Backpapier rundherum andrücken.

4 Die Kondensmilch und den Haselnuss-Drink in einen schweren Topf (mindestens 3 Liter Inhalt) gießen. Zucker, Muscovado-Zucker und Salz unterrühren. Die Zutaten unter ständigem Rühren mit einem Holzpfannenwender bei starker Hitze zum Kochen bringen (dabei aufpassen, dass nichts am Topfboden ansetzt).

5 Das Zuckerthermometer in den Topf stellen. Milch-Haselnuss-Masse unter weiterem Rühren etwa 15 Minuten auf 117 °C kochen. Den Topf von der Kochstelle nehmen und kurz in kaltes Wasser tauchen, um den Kochvorgang zu unterbrechen. Das Zuckerthermometer entfernen.

6 Die Butter zur Milch-Haselnuss-Masse geben und unter Rühren mit einem Schneebesen darin schmelzen. So lange weiterschlagen (etwa 1 Minute), bis die Masse leicht kristallisiert, aber noch streichfähig ist. Die beiseitegelegten Walnusskerne unterrühren.

7 Die Fudgemasse in die vorbereitete Form füllen und glatt streichen. Die Form bei Zimmertemperatur mindestens 12 Stunden abkühlen lassen.

8 Die Fudgemasse aus der Form auf ein Schneidbrett stürzen und das Backpapier entfernen. Die Fudgemasse mit einem großen Messer in etwa 2 cm große Würfel schneiden. Anschließend die Würfel in Stücke brechen.

WEICHES
PEKAN-SCHOKOLADEN-TOFFEE

200 g Pekannusskerne
110 g Butter (zimmerwarm)
400 g gezuckerte Kondensmilch
150 g Schlagsahne (mind. 32 % Fett)
250 g Rohrzucker
100 g Muscovado-Zucker
220 g Zucker
1 Pck. Dr. Oetker Bourbon-Vanille-Zucker

1 Pck. Zitronensäure (5 g)
200 g Edelbitter-Kuvertüre
(etwa 70 % Kakaoanteil)

ZUSÄTZLICH:
Backpapier
Zuckerthermometer

1_ Den Backofen vorheizen.
Ober-/Unterhitze: etwa 180 °C
Heißluft: etwa 160 °C

2_ Die Nusskerne auf einem Backblech verteilt in den vorgeheizten Backofen schieben. Die Nusskerne etwa 10 Minuten rösten, dabei einmal wenden, dann auf einen Teller geben.

3_ Eine Auflaufform (28 x 18 cm) mit 10 g von der Butter bestreichen und mit Backpapier auslegen. Dabei das Backpapier rundherum andrücken.

4_ Kondensmilch mit Sahne und der restlichen Butter in einen schweren Topf (etwa 4 Liter Inhalt) geben. Die drei Zuckersorten mit Vanille-Zucker und Zitronensäure zur Sahnemischung geben, mit einem Holzpfannenwender glatt verrühren. Die Zutaten bei starker Hitze unter ständigem Rühren mit dem Pfannenwender zum Kochen bringen (dabei aufpassen, dass nichts am Topfboden ansetzt). Zuckerthermometer in den Topf stellen.

5_ Die Sahne-Zucker-Masse bei mittlerer Hitze unter Rühren etwa 15 Minuten auf 116 °C kochen.

6_ Den Topf von der Kochstelle nehmen und das Zuckerthermometer herausnehmen. Den Topf in kaltes Wasser tauchen, um den Kochvorgang zu beenden. Die Kuvertüre grob hacken und auf die heiße Masse geben, 1 Minute warten, dann die Kuvertüre unterrühren.

7_ Ein Drittel der Toffeemasse in die vorbereitete Form gießen. Die Hälfte der beiseitegestellten Pekannusskerne daraufstreuen. Die Hälfte der restlichen Toffeemasse darauf verteilen und mit den restlichen Pekannusskernen bestreuen. Die restliche Toffeemasse darauf glatt verstreichen, bei Zimmertemperatur mindestens 12 Stunden erkalten lassen.

8_ Toffeemasse aus der Form auf ein Schneidbrett stürzen, Backpapier entfernen. Toffeemasse in etwa 3 x 2 cm große Stücke schneiden.

TORRONE-WÜRFEL

375 g Marzipan-Rohmasse
225 g Puderzucker
140 g Vollmilch-Schokolade
140 g Zartbitter-Schokolade
   (etwa 50 % Kakaoanteil)
175 g Mandel-Torrone (weißer Nougat mit
   Mandeln, in Süßwaren- oder Feinkostläden
   bzw. Spezialitätenabteilungen)
½ Vanilleschote

180 g Butter (zimmerwarm)
1 TL Dr. Oetker Finesse Geriebene
   Zitronenschale
75 g Pistazienkerne

ZUSÄTZLICH:

Frischhaltefolie
etwas Puderzucker zum Ausrollen

1_ 200 g Marzipan mit 50 g Puderzucker verkneten und auf einer mit Puderzucker bestäubten Arbeitsfläche zu einem Rechteck (etwa 25 x 20 cm) ausrollen. Eine passende Auflaufform (Dose oder verstellbaren Backrahmen auf einem Backblech) mit Frischhaltefolie auslegen. Den ausgerollten Marzipanboden hineinlegen.

2_ Beide Schokoladensorten in Stücke brechen und in einem kleinen Topf im Wasserbad bei schwacher Hitze unter Rühren schmelzen. Die Schokolade lauwarm abkühlen lassen.

3_ Torrone fein hacken. Die Vanilleschotenhälfte längs aufschneiden und das Mark herauskratzen.

4_ Die Butter mit 125 g des restlichen Puderzuckers mit einem Mixer (Rührstäbe) in 6–8 Minuten weiß-schaumig aufschlagen. Vanillemark und Zitronenschale kurz unterrühren. Zuerst die lauwarme Schokolade und dann Torrone unterrühren.

5_ Die Torrone-Schokoladen-Füllung auf den Marzipanboden streichen (evtl. durch leichtes Aufschlagen der Form auf der Arbeitsfläche die Masse glatt verlaufen lassen).

6_ Die Pistazienkerne im Blitzhacker kurz, aber fein hacken (nicht zu lange, sonst werden sie zu ölig). Dann die gehackten Pistazienkerne mit dem restlichen Puderzucker und dem restlichen Marzipan verkneten.

7_ Die Pistazien-Marzipan-Masse auf der mit Puderzucker bestäubten Arbeitsfläche in der gleichen Größe wie den Marzipanboden ausrollen. Die Pistazien-Marzipan-Decke vorsichtig auf die Füllung legen (evtl. gerissene Stellen mit den Fingern wieder zusammendrücken) und die Decke ganz leicht andrücken.

8_ Die Form zugedeckt etwa 4 Stunden in den Kühlschrank stellen.

9_ Die fest gewordenen Konfektplatte vorsichtig aus der Form stürzen und die Frischhaltefolie entfernen. Die Konfektplatte mit einem Messer in etwa 2 cm große Würfel schneiden, dabei das Messer immer wieder in kaltes Wasser tauchen.

NUSSFUDGE
MIT SCHOKOLADE

200 g Nusskernmischung, z. B. Haselnüsse-, Cashewkerne, blanchierte Mandeln
210 g Butter (zimmerwarm)
800 g gezuckerte Kondensmilch

300 g Schlagsahne (mind. 32 % Fett)
1 Vanilleschote
500 g brauner Rohrzucker
700 g Zucker
500 g Edelbitter-Kuvertüre (etwa 70 % Kakaoanteil)

ZUSÄTZLICH:
Backpapier
Zuckerthermometer

1_ Den Backofen vorheizen.
Ober-/Unterhitze: etwa 180 °C
Heißluft: etwa 160 °C

2_ Die Nussmischung auf einem Backblech verteilen und in den vorgeheizten Backofen schieben. Die Nussmischung in 10–12 Minuten goldbraun rösten, dabei einmal wenden. Die Nussmischung vom Backblech nehmen, auf ein Geschirrtuch geben und evtl. lose Häutchen abreiben. Nussmischung etwas abkühlen lassen, grob hacken und erkalten lassen.

3_ Eine Auflaufform (30 x 22 cm) mit 10 g der Butter einstreichen und mit Backpapier auslegen. Dabei das Backpapier rundherum andrücken.

4_ Gezuckerte Kondensmilch und Sahne in einen schweren Topf (etwa 4 Liter Inhalt) füllen. Die Vanilleschote längs aufschneiden und das Mark mit einem Messerrücken herauskratzen. Vanilleschote und -mark in die Sahnemilch geben.

5_ Rohrzucker und Zucker zur Sahnemilch geben und mit einem Holzspatel verrühren. Die Sahne-Milch-Masse unter ständigem Rühren mit einem

Holzspatel zum Kochen bringen (dabei aufpassen, dass nichts am Topfboden ansetzt).

6_ Das Zuckerthermometer in den Topf stellen. Die Sahne-Milch-Masse bei mittlerer Hitze unter weiterem Rühren etwa 15 Minuten auf 119 °C kochen. Die Vanilleschote und das Zuckerthermometer entfernen (dabei die Masse nicht berühren, sehr heiß).

7_ Die heiße Sahne-Milch-Masse in eine Metall-Rührschüssel gießen. Die restliche Butter hinzugeben und mit einem Mixer (Rührstäbe) gut unterrühren. Anschließend noch weitere etwa 10 Minuten schlagen, bis die Masse abgekühlt, kristallisiert und weich-cremig geworden ist (der Vorgang kann beschleunigt werden, wenn man die Rührschüssel in Eiswasser setzt). Die Nusskern-Mischung unterrühren.

8_ Die Masse in die vorbereitete Form füllen, glatt streichen und bei Zimmertemperatur mindestens 8 Stunden erkalten lassen.

9_ Die Kuvertüre in kleine Stücke hacken. Ein Drittel davon in eine Metallschüssel füllen und

(Fortsetzung Seite 28)

(Fortsetzung von Seite 26)

im Wasserbad bei etwa 40 °C unter Rühren schmelzen. Die Schüssel aus dem Wasserbad nehmen, restliche Kuvertüre unterrühren, bis ein zäher Brei entstanden ist. Die Schüssel bei Zimmertemperatur einige Minuten stehen lassen, bis die Kuvertüre erstarrt ist. Die Schüssel wieder in das Wasserbad stellen. Die Kuvertüre im 38 °C heißen Wasserbad erneut unter Rühren schmelzen.

10_ Die Hälfte der Kuvertüre auf den Nussfudge streichen. Die Form etwa 30 Minuten in den Kühlschrank stellen und die Kuvertüre fest werden lassen (restliche Kuvertüre warm halten).

11_ Den Fudge aus der Form lösen und auf ein Schneidbrett stürzen. Die restliche Kuvertüre auf den Fudge streichen und fest werden lassen. Fudge in etwa 3 x 2 cm große Stücke schneiden.

🕐 40 Minuten, ohne Abkühlzeit | 120 Stück | Haltbarkeit: etwa 2 Wochen, zwischen einzelnen Lagen Backpapier, in luftdicht verschließbaren Dosen

---

BUTTERFUDGE

100 g Butter (zimmerwarm)
400 g gezuckerte Kondensmilch
150 g Schlagsahne (mind. 32 % Fett)
280 g Rohrzucker
350 g Zucker
1 Pck. Dr. Oetker Bourbon-Vanille-Zucker

ZUSÄTZLICH:
Backpapier
Zuckerthermometer

1_ Eine Auflaufform (18 x 20 cm) mit 10 g von der Butter bestreichen. Die Form mit Backpapier auslegen.

2_ Kondensmilch und Sahne in einen schweren Topf (etwa 2 ½ Liter Inhalt) gießen. Beide Zuckersorten und Vanille-Zucker hinzugeben und mit einem Kochlöffel glatt verrühren.

3_ Die Zutaten unter ständigem Rühren mit einem Holzpfannenwender zum Kochen bringen (dabei aufpassen, dass nichts am Topfboden ansetzt).

4_ Das Zuckerthermometer in den Topf stellen. Die Milch-Sahne-Masse bei mittlerer Hitze unter weiterem Rühren etwa 15 Minuten auf 121 °C kochen. Zuckerthermometer entfernen (dabei die Masse nicht berühren, sehr heiß).

5_ Die heiße Milch-Sahne-Masse in eine Metall-Rührschüssel gießen. Die restliche Butter hinzugeben und mit einem Mixer (Rührstäbe) gut unterrühren. Anschließend noch weitere etwa 8 Minuten schlagen, bis die Masse abgekühlt, kristallisiert und weich-cremig geworden ist (der Vorgang kann beschleunigt werden, wenn man die Rührschüssel in Eiswasser setzt).

6_ Die Masse in die vorbereitete Form füllen, glatt streichen und bei Zimmertemperatur mindestens 12 Stunden erkalten lassen.

7_ Die Fudgemasse aus der Form lösen und auf ein Schneidbrett stürzen. Butterfudge in etwa 3 x 1 cm große Stücke schneiden.

RAINBOW-MACADAMIA-FUDGE

400 ml Macadamia-Drink
275 g Zucker
750 g weißer Rohrzucker
2 Pck. Dr. Oetker Vanillin-Zucker
2 EL Rosenwasser
180 g weiße Kuvertüre
50 g abgezogene, gem. Mandeln
gelbe, rote und blaue Speisefarbpaste

ZUSÄTZLICH:

1 EL Rapsöl
Backpapier
Zuckerthermometer

1_ Eine rechteckige Kastenform (20 x 11 cm) mit Rapsöl ausstreichen und mit Backpapier auslegen. Dabei das Backpapier rundherum andrücken.

2_ Macadamia-Drink mit Zucker und Rohrzucker in einem schweren Topf (etwa 5 Liter Inhalt) verrühren und bei starker Hitze unter gelegentlichem Rühren zum Kochen bringen.

3_ Das Zuckerthermometer in den Topf stellen. Die Macadamia-Drink-Masse bei mittlerer Hitze unter weiterem Rühren mit einem langstieligen Holzlöffel in etwa 12 Minuten auf 116 °C kochen. Den Topf von der Kochstelle nehmen. Das Zuckerthermometer entfernen (dabei die Masse nicht berühren, sehr heiß). Rosenwasser unterrühren.

4_ Die weiße Kuvertüre grob hacken, zur Macadamia-Drink-Masse geben und mit einem Schneebesen unter Rühren darin schmelzen. Den Boden der vorbereiteten Form etwa ½ cm dick mit der heißen Fudgemasse ausgießen. Eine kleine Messerspitze gelbe Speisefarbpaste mit der restlichen Masse vermischen und hellgelb färben. Ein Viertel davon mit einer kleinen Schöpfkelle auf

die weiße Fudgemasse gießen. Die restliche gelbe Fudgemasse mit einer Messerspitze roter Speisefarbpaste orange einfärben. Ein Drittel der orangen Masse in die Form gießen. Restliche Fudgemasse mit einer Messerspitze roter Speisefarbpaste rot einfärben und die Hälfte davon in die Form gießen.

5_ Die restliche Fudgemasse mit einer Messerspitze blauer Speisefarbpaste einfärben und in der Form verteilen. Nach Belieben können die einzelnen Schichten mit einem Holzstäbchen durchzogen werden, sodass sich ein Wolkenmuster bildet. (Das Einfärben muss zügig gehen, da die Fudgemasse beim Erkalten fest wird und nicht wieder aufgelöst werden kann!)

6_ Die Fudgemasse in der Form bei Zimmertemperatur mindestens 8 Stunden abkühlen lassen.

7_ Die Fudgemasse aus der Form auf ein Schneidbrett stürzen, das Backpapier abziehen. Fudgemasse zunächst in etwa 2 cm breite Scheiben, anschließend die Scheiben jeweils in vier Rechtecke schneiden.

SCHOKO-MARSHMALLOW-SWIRL

40 g Puderzucker
10 g Maisstärke
5 Blatt weiße Gelatine
350 g Zucker
1 EL Glukosesirup (30 g)
3 Eiweiß (Größe M)

1 Prise Salz
10 g Gummi arabicum
1 TL Vanilleextrakt
50 g gesiebtes Kakaopulver
150 g Zartbitter-Kuvertüre
   (etwa 50 % Kakaoanteil)

ZUSÄTZLICH:
1 EL Pflanzenöl
Backpapier
Zuckerthermometer

1_ Eine Auflaufform (21 x 18 cm) dünn mit Pflanzenöl bestreichen und mit Backpapier auslegen. Dabei das Backpapier rundherum andrücken. Puderzucker mit Maisstärke mischen. 1 Esslöffel davon gleichmäßig auf das Backpapier streuen.

2_ Gelatine nach Packungsanleitung einweichen.

3_ Von dem Zucker 1 Esslöffel abnehmen und beiseitestellen. Restlichen Zucker mit Glukosesirup und 150 ml Wasser in einen schweren Topf (etwa 2 Liter Inhalt) geben und mit einem Kochlöffel glatt rühren. Zuckerthermometer in den Topf stellen. Das Zuckerwasser bei starker Hitze auf 120 °C kochen. Den Topf von der Kochstelle nehmen und das Zuckerthermometer herausnehmen (dabei den Zuckersirup nicht berühren, sehr heiß).

4_ Eiweiß mit Salz in einer Rührschüssel mit einem Mixer (Rührstäbe) steif schlagen. Beiseitegestellten Zucker unterschlagen. Den heißen Zuckersirup unter ständigem Schlagen in einem dünnen Strahl in den Eischnee zwischen die Rührstäbe gießen (darauf achten, dass er nicht an den Schüsselrand gegossen wird, er kühlt sofort ab, wird zäh und mischt sich dann nicht mehr mit dem Eischnee). Die eingeweichte Gelatine ausdrücken, unter die Eischneemasse rühren und darin auflö-

sen. Gummi arabicum und Vanilleextrakt unterrühren. Die Masse eine weitere Minute schlagen.

5_ 40 g Kakao mit 6–7 Esslöffeln heißem Wasser zu einer glatten Masse verrühren, zur Marshmallowmasse geben und vorsichtig unterheben, sodass eine Marmorierung entsteht. Die Masse in die vorbereitete Form füllen und verstreichen. Die Form etwa 24 Stunden in den Kühlschrank stellen.

6_ Die Marshmallowmasse aus der Form lösen und auf ein Schneidbrett setzen. Das Backpapier an den Seiten lösen. Die Marshmallowmasse mit einem großen Messer (dünn mit restlichem Pflanzenöl bestrichen) in etwa 2 x 3 cm breite Stücke schneiden.

7_ Die Kuvertüre in kleine Stücke hacken. Ein Drittel davon in eine Metallschüssel füllen und im Wasserbad bei etwa 40 °C schmelzen. Die Schüssel aus dem Wasserbad nehmen, restliche Kuvertüre unterrühren, bis ein zäher Brei entstanden ist. Die Schüssel bei Zimmertemperatur einige Minuten stehen lassen, bis die Kuvertüre erstarrt ist. Die Schüssel wieder in das Wasserbad stellen und die Kuvertüre bei etwa 38 °C Wassertemperatur unter Rühren schmelzen.

(Fortsetzung Seite 34)

(Fortsetzung von Seite 32)

8_ Restliche Maisstärke-Puderzucker-Mischung mit restlichem Kakao mischen. Einen Bogen Backpapier dick damit bestreuen.

9_ Die Unterseite der Marshmallows in die temperierte Kuvertüre tauchen, überschüssige Kuvertüre am Schüsselrand abstreifen. Die Marshmallows auf das mit der Puderzucker-Kakao-Mischung bestreute Backpapier setzten. Kuvertüre fest werden lassen.

⏱ 45 Minuten, ohne Kühlzeit	81 Stück	Haltbarkeit: etwa 4 Wochen, kühl und trocken, zwischen einzelnen Lagen Backpapier, in einer gut schließenden Dose

SWIRLIGE
SCHOKO-ERDNUSS-QUADRATE

(im Titelfoto, rechts)

200 g weiße Kuvertüre
200 g Zartbitter-Kuvertüre
(etwa 50% Kakaoanteil)
100 g Butter (zimmerwarm)
50 g Erdnusskerne (geröstet und gesalzen)

ZUSÄTZLICH:
Butter (zimmerwarm) für die Form
Backpapier

1_ Die Kuvertüren getrennt voneinander in Stücke hacken. Die weiße Kuvertüre zusammen mit 40 g der Butter, die dunkle Kuvertüre mit der restlichen Butter (60 g) in eine Metallschüssel geben und jeweils in einem kleinen Topf im Wasserbad bei schwacher Hitze unter Rühren schmelzen.

2_ Die Erdnusskerne fein hacken. Kuvertüren abkühlen lassen, dabei gelegentlich umrühren.

3_ Eine quadratische Form oder eine Platte mit einem Backrahmen (etwa 27 x 27 cm) einfetten und mit Backpapier auslegen, dabei das Backpapier am Rand andrücken.

4_ Sobald die Kuvertüren abgekühlt und zähfließend sind, beide Sorten in Klecksen in die vorbereitete Form geben. Einen Löffelstiel durch beide Kuvertüren ziehen, sodass eine Marmorierung entsteht. Die gehackten Erdnusskerne daraufstreuen.

5_ Die Form oder die Platte mit dem Backrahmen zugedeckt mindestens 1 Stunde in den Kühlschrank stellen, bis die Schokoladen-Erdnuss-Platte fest geworden ist.

6_ Die Schokoladen-Erdnuss-Platte mit dem Backpapier auf ein Schneidbrett legen und in etwa 3 cm große Quadrate schneiden.

PROSECCO-ERDBEER-MARSHMALLOWS

30 g Maisstärke
100 g Puderzucker
9 Blatt weiße Gelatine
250 g frische Erdbeeren
1 EL Glukosesirup (30 g)
450 g Zucker

150 ml Prosecco
3 Eiweiß (Größe M)
1 Prise Salz
1 Pck. Dr. Oetker
    Bourbon-Vanille-Zucker
10 g Gummi arabicum

ZUSÄTZLICH:
Backpapier
1 EL Pflanzenöl
Zuckerthermometer
Papierförmchen für Pralinen

1_ Eine Auflaufform (21 x 18 cm) dünn mit Pflanzenöl bestreichen und mit Backpapier auslegen. Dabei das Backpapier rundherum andrücken. Maisstärke und Puderzucker mischen. Den Boden der Form mit etwas davon dünn bestäuben.

2_ Drei Blatt Gelatine nach Packungsanleitung einweichen.

3_ Die Erdbeeren putzen, abspülen, trocken tupfen und entstielen. Erdbeeren achteln und in einen kleinen Topf (etwa 1 Liter Inhalt) geben. ½ Esslöffel Glukosesirup, 200 g Zucker und 50 ml Prosecco hinzugeben und mit einem Kochlöffel glatt rühren. Die Zutaten zum Kochen bringen. Das Zuckerthermometer in den Topf stellen. Die Erdbeermasse bei starker Hitze auf 110 °C kochen. Den Topf von der Kochstelle nehmen. Das Zuckerthermometer herausnehmen und säubern. Eingeweichte Gelatine ausdrücken und in der Erdbeermasse unter Rühren auflösen. Den Topf beiseitestellen.

4_ Restliche Gelatine (6 Blatt) nach Packungsanleitung einweichen. 230 g Zucker, restlichen Prosecco und restlichen Glukosesirup in einem zweiten Topf (etwa 2-Liter-Inhalt) verrühren und zum Kochen bringen. Das Zuckerthermometer in den Topf stellen. Die Masse auf 121 °C kochen. Den Topf von der Kochstelle nehmen.

5_ In der Zwischenzeit Eiweiß mit Salz in einer Rührschüssel mit einem Mixer (Rührstäbe) steif schlagen. Vanille-Zucker und den restlichen Zucker (20 g) unterschlagen. Den Eischnee noch weitere etwa 2 Minuten schlagen.

6_ Heißen Zuckersirup unter ständigem Rühren in einem dünnen Strahl in den Eischnee zwischen die Rührstäbe gießen (darauf achten, dass er nicht an den Schüsselrand gegossen wird, er kühlt sofort ab, wird zäh und mischt sich dann nicht mehr mit dem Eischnee). Die eingeweichte Gelatine ausdrücken, unter die Eischneemasse rühren und darin auflösen. Gummi arabicum hinzugeben und in 1 Minute unterschlagen.

7_ Die Erdbeermasse unter die Marshmallowmasse heben, sodass sich Schlieren bilden. Die Masse in die vorbereitete Form gießen und glatt verstreichen. Die Form etwa 24 Stunden in den Kühlschrank stellen.

8_ Ein Schneidebrett mit etwas von der restlichen Puderzucker-Stärke-Mischung bestäuben. Die Marshmallowmasse aus der Form lösen und daraufstürzen. Backpapier entfernen. Marshmallow-oberfläche ebenfalls mit etwas Puderzucker-Stärke-Mischung bestäuben.

9_ Die Marshmallowmasse mit einem großen Messer (Klinge dünn mit restlichem Pflanzenöl bestrichen) in etwa 3 cm große Würfel schneiden. Die Würfel in der restlichen Puderzucker-Stärke-Mischung wälzen und zum Servieren z.B. in Papierförmchen oder -manschetten legen.

HIMBEER-MARSHMALLOW-TUFFS

70 g Puderzucker
10 g Maisstärke
4 Blatt weiße Gelatine
250 g Himbeeren
300 g Zucker

1 EL Glukosesirup (30 g)
3 Eiweiß (Größe M)
1 Prise Salz
1 Pck. Dr. Oetker
    Bourbon-Vanille-Zucker
10 g Gummi arabicum

200 g weiße Kuvertüre
etwa 40 g bunte Zuckerperlen

ZUSÄTZLICH:
Backpapier
Zuckerthermometer

1_ Zwei Backbleche mit Backpapier belegen. Puderzucker und Maisstärke vermischen. Die Backbleche mit etwas davon fein bestäuben.

2_ Gelatine nach Packungsanleitung einweichen.

3_ Die Himbeeren verlesen, evtl. kurz abspülen und gut trocken tupfen. Himbeeren durch ein Sieb in einen schweren Topf (etwa 2 Liter Inhalt) streichen.

4_ Von dem Zucker 1 Esslöffel abnehmen und beiseitestellen. Restlichen Zucker, 100 ml Wasser und Glukosesirup zum Himbeerpüree geben und unterrühren. Das Zuckerthermometer in den Topf stellen. Die Zuckerwassermischung bei starker Hitze auf 117 °C kochen. Den Topf von der Kochstelle nehmen und das Zuckerthermometer herausnehmen (dabei den Zuckersirup nicht berühren, sehr heiß).

5_ Eiweiß mit Salz in einer Rührschüssel mit einem Mixer (Rührstäbe) steif schlagen. Vanille-Zucker und beiseitegestellten Zucker unterschlagen. Eischnee noch weitere etwa 2 Minuten schlagen.

6_ Heißen Zuckersirup unter ständigem Rühren in einem dünnen Strahl in den Eischnee zwischen die Rührstäbe gießen (darauf achten, dass er nicht an den Schüsselrand gegossen wird, er kühlt sofort ab, wird zäh und mischt sich dann nicht mehr mit dem Eischnee). Die eingeweichte Gelatine ausdrücken, unter die Eischneemasse rühren und darin auflösen. Gummi arabicum unterrühren. Die Masse noch 1 Minute schlagen.

7_ Die Marshmallowmasse in einen großen Spritzbeutel mit Sterntülle (Ø 10 mm) füllen und etwa 70 Tupfen dicht nebeneinander auf die vorbereiteten Backbleche spritzen.

8_ Die Tuffs mit der restlichen Puderzucker-Stärke-Mischung bestreuen. Die Backbleche etwa 12 Stunden bei kühler Zimmertemperatur stehen lassen.

9_ Die Kuvertüre in kleine Stücke hacken. Ein Drittel davon in eine Metallschüssel füllen und im Wasserbad bei etwa 40 °C schmelzen. Die Schüssel aus dem Wasserbad nehmen, restliche Kuvertüre unterrühren, bis ein zäher Brei entstanden ist. Die Schüssel bei Zimmertemperatur einige Minuten stehen lassen, bis die Kuvertüre erstarrt ist. Die Schüssel wieder in das Wasserbad stellen und die Kuvertüre bei etwa 38 °C Wassertemperatur unter Rühren schmelzen.

10_ Die Marshmallows in die temperierte Kuvertüre tauchen und wieder auf das Backpapier (Back-

bleche) setzten. Zuckerperlen auf die Kuvertüre streuen. Kuvertüre fest werden lassen.

ORANGEN-CASHEW-MARSHMALLOWS

5 Blatt weiße Gelatine
150 g Cashewkerne (geröstet, ungesalzen)
2 Bio-Orangen (unbehandelt, ungewachst)
300 g feiner Zucker
1 EL Glukosesirup

2 Eiweiß (Größe M)
1 Prise Salz
1 Pck. Dr. Oetker Vanillin-Zucker
60 g Maisstärke
200 g Puderzucker

ZUSÄTZLICH:
1 EL Speiseöl
Backpapier
Zuckerthermometer
Papierförmchen für Pralinen

1_ Boden einer Auflaufform (21 x 18 cm) dünn mit Speiseöl bestreichen, mit Backpapier belegen.

2_ Gelatine nach Packungsanleitung einweichen. Cashewkerne grob hacken. Orangen heiß abwaschen, abtrocknen und die Schale fein abreiben. Orangen halbieren, auspressen. 100 ml Saft abmessen.

3_ Den Orangensaft in einen dickwandigen Topf gießen. Einen Esslöffel von dem Zucker abnehmen. Restlichen Zucker zum Orangensaft in den Topf geben und verrühren. Glukosesirup unterrühren. Ein Zuckerthermometer in den Topf stellen. Die Saft-Sirup-Mischung bei starker Hitze auf etwa 121 °C kochen. Dann den Topf von der Kochstelle nehmen und das Zuckerthermometer herausnehmen (dabei den Zuckersirup nicht berühren, sehr heiß).

4_ Die eingeweichte Gelatine ausdrücken und in dem Zuckersirup unter Rühren auflösen.

5_ Eiweiß mit Salz in einer Rührschüssel mit einem Mixer (Rührstäbe) sehr steif schlagen. Vanillin-Zucker und den abgenommenen Zucker unterrühren.

6_ Heißen Zuckersirup unter ständigem Rühren in einem dünnen Strahl in den Eischnee gießen (darauf achten, dass er nicht an den Schüsselrand gegossen wird, er kühlt sofort ab, wird zäh und mischt sich dann nicht mehr mit dem Eischnee) und noch etwa 1 Minute schlagen. Einen Esslöffel der Orangenschale beiseitestellen. Restliche Orangenschale und gehackte Cashewkerne unter die Masse rühren.

7_ Die Marshmallowmasse in die vorbereitete Form geben und glatt streichen. Die Form zugedeckt etwa 12 Stunden in den Kühlschrank stellen.

8_ Maisstärke mit Puderzucker mischen. Ein Schneidebrett mit etwas davon bestäuben. Die Marshmallowmasse aus der Form lösen und auf das Schneidbrett stürzen. Das Backpapier vorsichtig entfernen. Marshmallowmasse mit etwas Puderzucker-Maisstärke-Mischung bestäuben.

9_ Ein großes Messer dünn mit Speiseöl bestreichen. Die Marshmallowmasse in etwa 3 cm große Würfel schneiden.

10_ Die Orangen-Cashew-Marshmallows in der restlichen Puderzucker-Maisstärke-Mischung wälzen und in Papierförmchen legen.

HONIG-MARSHMALLOW-POPS

190 g Zucker
6 Blatt weiße Gelatine
150 g flüssiger Honig
60 g weißer Rohrzucker
2 Eiweiß (Größe M)
1 Prise Salz
20 g Gummi arabicum

100 rosa Sugar melt, z. B. von Deko back
(Zucker-Fett-Glasur)

ZUSÄTZLICH:
2 EL Pflanzenöl
10 Canelé-Formen (100 ml Inhalt)
Zuckerthermometer
10 Holz-Eisstiele

1_ Die Canelé-Formen dünn mit Pflanzenöl einstreichen und mit 30 g Zucker ausstreuen. Gelatine nach Packungsanleitung einweichen.

2_ Vom Zucker 10 g abnehmen und beiseitestellen. Restlichen Zucker (150 g) mit Honig, Zucker und 50 ml Wasser in einem Topf glatt rühren. Die Zutaten bei starker Hitze zum Kochen bringen. Zuckerthermometer in den Topf stellen und alles in etwa 10 Minuten auf 117 °C kochen. Topf von der Kochstelle nehmen, Zuckerthermometer herausnehmen (dabei den Zuckersirup nicht berühren, sehr heiß).

3_ Eiweiß mit Salz in einer Rührschüssel mit einem Mixer (Rührstäbe) sehr steif schlagen. Den beiseitegestellten Zucker unterschlagen und noch weitere etwa 3 Minuten schlagen, bis ein fester Schnee entstanden ist.

4_ Den heißen Zuckersirup unter ständigem Schlagen in einem dünnen Strahl in den Eischnee, zwischen die Rührstäbe gießen (darauf achten, dass er nicht an den Schüsselrand gegossen wird, er kühlt sofort ab, wird zäh und mischt sich dann nicht mehr mit dem Eischnee) und in etwa 1 Minute unterschlagen.

5_ Die eingeweichte Gelatine ausdrücken und in der heißen Masse unter Rühren auflösen. Gummi arabicum unterrühren. Die Masse eine weitere Minute schlagen.

6_ Die Marshmallowmasse in einen Spritzbeutel mit beliebig großer Lochtülle füllen und in die vorbereiteten Formen spritzen. Jeweils einen Holz-Eisstiel hineinstecken. Die Formen mindestens 24 Stunden in den Kühlschrank stellen.

7_ Die Formen kurz in heißes Wasser tauchen und die Marshmallow-Pops herauslösen.

8_ Sugar melt in eine Metallschüssel füllen und im Wasserbad bei schwacher Hitze unter Rühren schmelzen. Die Marshmallow-Pops damit besprenkeln und servieren.

→ TIPP:
Anstelle der Zuckerglasur können Sie auch weiße Kuvertüre nach Packungsanleitung temperieren und mit Speisefarbpaste einfärben.

BUNTE KANDISSTÄBCHEN

1 kg feiner Zucker
300 ml Wasser
je 1 Tropfen rote, grüne, gelbe und
    orange Speisefarbe

ZUSÄTZLICH:
12 Holzspieße
Zuckerthermometer

1 Die Holzspieße in ein Wasserglas stellen. So viel kaltes Wasser hinzugießen, dass die Spieße etwa 10 cm im Wasser stehen. Holzspieße etwa 10 Minuten einweichen.

2 Etwas vom Zucker in einen flachen Teller geben. Eingeweichte Spieße nacheinander aus dem Glas nehmen und in dem Zucker wälzen. Zuckerspieße nebeneinander auf einen großen Teller legen und etwa 1 Stunde trocknen lassen.

3 Restlichen Zucker in einen dickwandigen Topf (etwa 2 Liter Inhalt) geben. Das Wasser hinzugießen. Zuckerthermometer in den Topf stellen. Das Zuckerwasser ohne Rühren bei starker Hitze auf etwa 118 °C einkochen lassen. Den Topf von der Kochstelle nehmen. Das Zuckerthermometer herausnehmen.

4 Vier dickwandige Wassergläser (etwa 400 ml Inhalt) auf die Arbeitsfläche stellen. Je einen Tropfen Speisefarbe in beliebiger Farbe in die Gläser träufeln. Den Zuckersirup gleichmäßig in den vier Gläsern verteilen. Die Speisefarbe mit einer Gabel in dem Zuckersirup unter Rühren auflösen. Zuckersirup auf Zimmertemperatur abkühlen lassen.

5 Die vorbereiteten Zuckerspieße so in den Zuckersirup tauchen, dass sie sich nicht berühren (die Holzspieße an den Enden mit einer Wäscheklammer fixieren und die Klammer jeweils auf den Glasrand legen).

6 Die Gläser mit dem Zuckersirup 3–4 Tage bei Zimmertemperatur stehen lassen, bis der Zucker kristallisiert und sich Kandis an den Zuckerspießen bildet (je länger man sie stehen lässt, desto mehr Kandis bildet sich an den Zuckerspießen).

7 Die Kandisstäbchen auf einen Gitter- oder Kuchenrost legen und abtropfen lassen. Nach etwa 2 Stunden Abtropfzeit sind die Kandisstäbchen trocken.

8 In den restlichen Zuckersirup können erneut Zuckerspieße eingetaucht werden.

RED-VELVET-HERZEN

300 g TK-Brombeeren
320 g Zucker
2 EL Rapsöl
1 Msp. Weinsäure
(feinkristallin)

ZUSÄTZLICH:
15 Holzspieße für Mini-
Herzen (Länge 20 cm)
oder 6 Lollipop-Sticks
für große Herzen
(Länge 10 cm)

1 Silikonform mit
Mini-Herzmulden
oder 1 große Marmorplatte
und 6 Herz-Ausstech-
formen (Ø etwa 8 cm)
Zuckerthermometer

1_ Die gefrorenen Brombeeren mit 100 g Zucker in einem Topf mischen und bei schwacher Hitze unter gelegentlichem Rühren auftauen, bis die Brombeeren Saft gezogen haben. Die Brombeeren in einem feinen Sieb abtropfen lassen und den Saft dabei auffangen.

2_ In der Zwischenzeit die Holzspieße auf etwa 4 cm Länge kürzen und die Spitzen entfernen. Die Herzmulden der Silikonform oder die Marmorplatte dünn mit Rapsöl bestreichen. Die Innenseiten der Herz-Ausstechformen mit Rapsöl bestreichen. Die Formen auf die Marmorplatte legen.

3_ Von dem aufgefangenen Brombeersaft (Brombeeren anderweitig verwenden) 100 ml Saft abmessen und in einen schweren Topf (etwa 2 Liter Inhalt) gießen. Weinsäure und restlichen Zucker (220 g) unterrühren. Zuckerthermometer in den Topf stellen. Einen Pinsel in eine mit Wasser gefüllte Tasse stellen. Den Brombeersaft bei starker Hitze zum Kochen bringen und auf 149 °C kochen. Während des Kochens bilden sich Sirupblasen am Topfrand. Diese mit dem getränkten Pinsel vom Topfrand lösen, damit sie nicht verbrennen.

4_ Wenn die Zucker-Saft-Lösung etwa 140 °C erreicht hat, die Hitze reduzieren und den Sirup langsam auf die erforderliche Temperatur kochen (ab 145 °C steigt die Temperatur sehr schnell und unkontrolliert. Unbedingt darauf achten, dass der Sirup nicht verbrennt). Sobald die Temperatur erreicht ist, den

Topf sofort von der Kochstelle nehmen und kurz in kaltes Wasser tauchen, um den Kochvorgang zu unterbrechen. Zuckerthermometer herausnehmen.

5_ Den heißen Brombeersirup mit einem Esslöffel in die geölten Herzmulden der Silikonform gießen. Den Sirup einige Minuten abkühlen lassen, bis er zäh wird. Dann die Holzspieße in die Herzen stecken und den Sirup in weiteren etwa 60 Minuten fest werden lassen. Die Herzen aus der Silikonform (Mulden) lösen.

6_ Für die großen Herzen den flüssigen Sirup etwa ½ cm dick in die vorbereiteten Ausstechformen gießen. Den Sirup etwa 15 Minuten abkühlen lassen, bis er fest ist. Während des Abkühlens den restlichen, flüssigen Sirup im Topf bei schwacher Hitze flüssig halten. Die Zuckerherzen aus den Formen drücken.

7_ Jeweils ein Ende der Lollipop-Sticks in den Sirup tauchen und auf ein Zuckerherz drücken. Sirup fest werden lassen. Die Herzen von der Marmorplatte lösen.

→ **TIPP:**

Statt Brombeeren können Sie gemischte TK-Beeren verwenden. Noch aromatischer werden die Lollis, wenn Sie frische Früchte verwenden. Dann die Früchte mit Zucker zum Saftziehen etwa 3 Stunden stehen lassen und wie im Rezept beschrieben zubereiten.

⏱ 30 Minuten, ohne Kühlzeit   24 Stück   Haltbarkeit: etwa 1 Woche,
im Kühlschrank, in einer luftdicht
verschließbaren Dose

WEINGUMMI

12 Blatt weiße Gelatine
300 ml Weißwein
1 Pck. Zitronensäure
20 g Speisestärke
300 g Zucker
30 g Glukosesirup
3–4 Tropfen Zitronen-Aromaöl
gelbe, rote und grüne Speisefarbe

ZUSÄTZLICH:
½ TL Pflanzenöl, z. B. Rapsöl
Silikonform
Zuckerthermometer

1_ Eine Silikonform dünn mit Pflanzenöl bestreichen und auf eine Tortenplatte legen. Gelatine nach Packungsanleitung einweichen.

2_ Weißwein, Zitronensäure, Speisestärke, Zucker und Glukosesirup in einem Topf (etwa 3 Liter Inhalt) glatt rühren. Zuckerthermometer in den Topf stellen. Die Zutaten bei starker Hitze unter gelegentlichem Rühren auf 118 °C kochen.

3_ Den Topf von der Kochstelle nehmen. Zuckerthermometer herausnehmen.

4_ Eingeweichte Gelatine ausdrücken und im Sirup unter Rühren auflösen. Aromaöl unterrühren.

5_ Den Sirup in drei Portionen teilen und jede Portion in einer anderen Farbe einfärben (der Sirup muss sehr heiß in die Mulden der Form gegossen werden, dauert das Einfärben zu lange, wird die Masse zäh und lässt sich nicht mehr in die Form gießen, dann muss die Masse nochmals erhitzt werden).

6_ Den heißen Sirup in die Mulden der Silikonform gießen und etwas abkühlen lassen.

7_ Die Silikonform auf der Tortenplatte etwa 4 Stunden in den Kühlschrank stellen.

8_ Die Weingummis aus der Silikonform lösen.

HEIDELBEER-MINZ-LOLLIS

250 g TK–Heidelbeeren
220 g Zucker
1 Msp. Weinsäure feinkristallin
2 Tropfen Minzöl

ZUSÄTZLICH:

1 Marmorplatte oder Silikonmatte
1 EL Rapsöl
6 Lollipop–Sticks (Länge 10 cm)

1_ Eine große Marmorplatte oder Silikonmatte dünn mit Rapsöl bestreichen.

2_ Die gefrorenen Heidelbeeren mit 100 g Zucker in einem Topf mischen und bei schwacher Hitze unter gelegentlichem Rühren auftauen lassen, bis die Heidelbeeren Saft gezogen haben. Die Heidelbeeren in einem feinen Sieb abtropfen lassen und den Saft dabei auffangen.

3_ Von dem aufgefangenen Heidelbeersaft (Heidelbeeren anderweitig verwenden) 100 ml Saft abmessen und in einen schweren Topf (etwa 2 Liter Inhalt) füllen. Restlichen Zucker und Weinsäure gut unterrühren. Das Zuckerthermometer in den Topf stellen.

4_ Einen Pinsel in eine mit Wasser gefüllte Tasse stellen. Den Heidelbeersaft bei starker Hitze zum Kochen bringen und auf 149 °C kochen. Während des Kochens bilden sich Sirupblasen am Topfrand. Diese mit dem getränkten Pinsel vom Topfrand lösen, damit sie nicht verbrennen.

5_ Wenn die Zucker-Saft-Lösung etwa 140 °C erreicht hat, die Hitze reduzieren und den Sirup langsam auf die erforderliche Temperatur kochen (ab 145 °C steigt die Temperatur sehr schnell und unkontrolliert. Ab diesem Zeitpunkt unbedingt darauf achten, dass der Sirup nicht verbrennt).

6_ Sobald die Temperatur erreicht ist, den Topf sofort von der Kochstelle nehmen und kurz in kaltes Wasser tauchen, um den Heizvorgang zu unterbrechen. Das Zuckerthermometer herausnehmen. Das Minzöl unterrühren. Den Heidelbeersirup einige Minuten abkühlen lassen, sodass er zähfließend wird.

7_ Den Heidelbeersirup portionsweise auf die Marmorplatte oder Silikonmatte zu 6 etwa 10 cm großen Kreisen gießen. Jeweils ein Ende jedes Lollipop-Sticks durch den restlichen heißen Heidelbeersirup ziehen und in die Lollis drücken.

8_ Lollis etwa 20 Minuten abkühlen lassen, dann von der Marmorplatte oder Silikonmatte lösen.

→ TIPPS:

Ist die Sirupmasse zwischendurch zu fest geworden, die Masse bei schwacher Hitze erneut erwärmen, bis sie die gewünschte Konsistenz hat.
Noch aromatischer werden die Lollis, wenn Sie frische Früchte verwenden. Dann die Früchte mit Zucker zum Saftziehen etwa 3 Stunden stehen lassen und wie im Rezept beschrieben zubereiten.

ERDBEERSCHNÜRE

12 Blatt weiße Gelatine
40 g Maisstärke
250 g Zucker
150 ml heller Sirup (Brotaufstrich)
200 g gesüßte Kondensmilch
100 g Butter
1 Prise Salz
4 Tropfen Erdbeer-Aromaöl
1 Msp. rote Speisefarbpaste
20 g Gummi arabicum

ZUSÄTZLICH:

Backpapier
1 EL Pflanzenöl
Zuckerthermometer
evtl. Frischhaltefolie
2 Holzleisten (je 2 mm dick)

1_ Einen Bogen Backpapier (etwa 38 x 50 cm) mit ½ Esslöffel Pflanzenöl bestreichen.

2_ Die Gelatine nach Packungsanleitung einweichen. Die Maisstärke in einer Rührschüssel mit 100 ml kaltem Wasser verrühren.

3_ Zucker in einen schweren Topf (etwa 2½ Liter Inhalt) geben. Sirup, Kondensmilch, Butter und Salz hinzugeben, mit einem Schneebesen glatt rühren. Die Zutaten bei mittlerer Hitze unter Rühren mit dem Schneebesen zum Kochen bringen. So lange rühren, bis der Zucker gelöst ist.

4_ Angerührte Maisstärke hinzugießen und mit dem Schneebesen glatt rühren. Gelatine ausdrücken, unter die Masse rühren und auflösen.

5_ Die Masse bei starker Hitze unter Rühren zum Kochen bringen. Den Schneebesen herausnehmen und mit einem Holzpfannenwender weiterrühren. Zuckerthermometer in den Topf stellen.

6_ Die Masse unter ständigem Rühren (die Masse brennt leicht an) etwa 10 Minuten auf 117 °C einkochen lassen. Den Topf von der Kochstelle nehmen und das Zuckerthermometer herausnehmen (dabei die Masse nicht berühren, sehr heiß).

7_ Aromaöl, Speisefarbpaste und Gummi arabicum unterrühren.

8_ Die heiße Masse auf das vorbereitete, mit Pflanzenöl bestrichene Backpapier gießen und etwa 2 mm dick darauf verstreichen. Evtl. mit Frischhaltefolie belegen und mit einer Teigrolle, zwischen zwei etwa 2 mm dicken Holzleisten, exakt ausrollen. Die Masse bei Zimmertemperatur etwa 4 Stunden erkalten lassen.

9_ Die Masse dünn mit dem restlichen Pflanzenöl bestreichen und mit einem Pizzaschneider oder einem leicht geölten Messer in etwa ½ cm schmale Streifen schneiden.

PFIRSICHBONBONS

220 g Zucker
1 TL Glukosesirup (10 g)
50 ml Pfirsichnektar
50 ml Orangensaft
20 ml Zitronensaft
2 Tropfen Pfirsich-Aroma-Öl

ZUSÄTZLICH:

Zuckerthermometer
Silikonform für Bonbons
½ TL Rapsöl
Zellophan (glasklare Folie)

1_ Zucker, Glukosesirup, Nektar, Orangen- und Zitronensaft in einen kleinen, schweren Topf (2 Liter Inhalt) geben. Die Zutaten bei starker Hitze (nicht rühren) zum Kochen bringen. Den aufsteigenden Schaum evtl. mit einer Schaumkelle abschöpfen.

2_ Ein Zuckerthermometer in den Topf stellen und die Zucker-Saft-Lösung auf 149 °C kochen. Wenn der flüssige Zucker etwa 140 °C erreicht hat, die Hitze reduzieren und langsam auf die erforderliche Temperatur kochen (ab 145 °C steigt die Temperatur sehr schnell und unkontrolliert, unbedingt darauf achten, dass der Sirup nicht verbrennt). Wenn die Temperatur erreicht ist, den Topf von der Kochstelle nehmen und sofort kurz in kaltes Wasser tauchen, um den Kochvorgang sofort zu unterbrechen.

3_ Das Aroma-Öl unterrühren. Den heißen Zuckersirup in die Mulden der Silikonform gießen. Zuckersirup etwa 40 Minuten abkühlen lassen.

4_ Die fest gewordenen Bonbons aus den Mulden lösen und leicht mit Rapsöl einreiben.

5_ Zellophan in etwa 10 cm große Quadrate schneiden. Die Bonbons darin einwickeln.

→ TIPPS:

Am besten eine große Schüssel mit kaltem Wasser neben die Kochstelle stellen, damit der Topf sofort in kaltes Wasser getaucht werden kann.
Statt die Bonbons in Zellophan zu wickeln, kann man die Bonbons auch in einer Zucker-Stärke-Mischung wälzen. Dafür 1 Esslöffel Speisestärke (Maisstärke) mit 1 Esslöffel Puderzucker mischen und sieben. Die fest gewordenen Bonbons darin wälzen.
Statt Pfirsichnektar können Sie auch Maracuja- oder Kirschnektar verwenden.

MANDARINEN-BRAUSEBONBONS

5–6 Bio–Mandarinen oder 3 Bio–Orangen
(unbehandelt, ungewachst)
270 g Zucker
1 Msp. rote Speisefarbpaste
1 Tütchen Brausepulver Orange

ZUSÄTZLICH:
Zuckerthermometer
Silikonmatte
Pflanzenöl
Palette
Zellophan (glasklare Folie)

1_ Die Mandarinen oder Orangen heiß abwaschen, abtrocknen und die Schale jeweils dünn mit einem Sparschäler abschälen und in eine Schüssel geben. Mandarinen oder Orangen halbieren, auspressen. 150 ml Saft abmessen, zu den Schalen geben und 3–4 Stunden bei Zimmertemperatur ziehen lassen.

2_ Dann die Mandarinen- oder Orangensaft-Mischung durch ein Sieb in einen schweren Topf (etwa 2½ Liter Inhalt) gießen. Zucker hinzugeben. Die Zucker-Saft-Lösung bei starker Hitze zum Kochen bringen. Zuckerthermometer in den Topf stellen. Die Zucker-Saft-Lösung auf 155 °C kochen.

3_ Wenn der flüssige Zucker etwa 140 °C erreicht hat, die Hitze reduzieren und langsam auf die erforderliche Temperatur kochen (ab 145 °C steigt die Temperatur sehr schnell und unkontrolliert, unbedingt darauf achten, dass der Sirup nicht verbrennt).

4_ Wenn die Temperatur erreicht ist, das Zuckerthermometer aus dem Topf nehmen. Den Topf sofort von der Kochstelle nehmen und kurz in kaltes Wasser tauchen, um den Kochvorgang zu unterbrechen.

5_ Eine Silikonmatte mit Pflanzenöl bestreichen. Zwei Drittel des flüssigen Zuckers zu einem schmalen Streifen von etwa 40 cm Länge auf die Silikonmatte gießen.

6_ Den restlichen flüssigen Zucker mit Speisefarbpaste einfärben und als zweiten schmalen Streifen in gleicher Länge auf die Silikonmatte gießen.

7_ Das Brausepulver jeweils als lange Linie auf die Streifen streuen.

8_ Während des Abkühlens ist die Bonbonmasse für kurze Zeit elastisch. Dann mit der geölten Palette die Ränder der Zuckerstränge über die Brausepulverlinien schlagen.

9_ Die Stränge rasch mit den Händen auf etwa 80 cm Länge ausziehen, zusammenlegen und jeweils zu Kordeln formen. Die rote Kordel um die gelbe Kordel wickeln. Bevor die Bonbonkordel ganz fest wird, mit einer Küchenschere etwa 2 cm breite Stücke abschneiden.

10_ Zellophan in etwa 10 cm große Quadrate schneiden. Die Bonbons leicht mit Pflanzenöl bestreichen und darin einwickeln.

(Fortsetzung Seite 58)

(Fortsetzung von Seite 56)

→ **TIPPS:**

Am besten eine große Schüssel mit kaltem Wasser neben die Kochstelle stellen, damit der Topf sofort in kaltes Wasser getaucht werden kann.

Statt die Bonbons in Zellophan zu wickeln, kann man die Bonbons auch in einer Zucker-Stärke-Mischung wälzen. Dafür 1 Esslöffel Speisestärke (Maisstärke) mit 1 Esslöffel Puderzucker mischen und sieben. Die fest gewordenen Bonbons darin wälzen.

🕐 45 Minuten, ohne Abkühlzeit | 42 Stück | Haltbarkeit: etwa 1 Woche, luftdicht verpackt in einer gut schließenden Dose im Kühlschrank

---

NUSSHELVA

150 g Haselnusskerne
400 ml Milch (3,5 % Fett)
250 ml Wasser
400 g Zucker
125 g Butter
280 g feiner Maisgrieß
50 g Pinienkerne

ZUSÄTZLICH:
1 EL Pflanzenöl

1_ Den Backofen vorheizen.
Ober-/Unterhitze: etwa 180 °C
Heißluft: etwa 160 °C

2_ Haselnusskerne auf einem Backblech verteilen. Das Backblech in den vorgeheizten Backofen schieben. Nusskerne etwa 10 Minuten rösten.

3_ Die Haselnusskerne auf ein Geschirrtuch geben und die Haut mit dem Geschirrtuch abreiben. Haselnusskerne beiseitelegen.

4_ Milch mit Wasser und Zucker in einem Topf unter Rühren zum Kochen bringen und so lange unter Rühren kochen, bis der Zucker gelöst ist. Topf von der Kochstelle nehmen und die Milch-Zucker-Lösung auf Zimmertemperatur abkühlen lassen.

5_ Butter in einem breiten Topf zerlassen. Maisgrieß und Pinienkerne hinzugeben, unter ständigen Rühren mit einem Holzpfannenwender etwa 12 Minuten rösten, bis Maisgrieß und Pinienkerne hellbraun sind. Haselnusskerne unterrühren.

6_ Die abgekühlte Milch-Zucker-Lösung nach und nach, in mehreren Portionen, unter kräftigem Rühren zur Grießmasse geben, einmal aufkochen lassen und glatt rühren. (Vorsicht spritzt!)

7_ Die heiße Helva in eine Kastenform (24 x 11 cm, mit Pflanzenöl gefettet) geben und glatt streichen. Die Helva bei Zimmertemperatur etwa 6 Stunden erkalten lassen.

8_ Dann die Nusshelva aus der Form auf ein Schneidbrett stürzen und nach Belieben zuerst in 7 Scheiben schneiden, dann jede Scheibe in 6 Stücke teilen.

QUITTEN-GEWÜRZ-BROT

8 EL Zitronensaft
2 l Wasser
1 ½ kg Quitten
1 Vanilleschote
30 g frischer Ingwer
8 grüne Kardamomkapseln (aus dem Asia-Laden oder gut sortierten Spezialitäten-Gewürzabteilungen) oder ½ Msp. gem. Gewürznelken

½ Sternanis
500 g Extra Gelierzucker 2 : 1
100 g Zucker

ZUM WÄLZEN:
50 g Kokosraspel

1_ Zitronensaft mit Wasser in einer großen Schüssel verrühren. Von den Quitten den Flaum mit einem trockenen Tuch abreiben. Quitten abspülen, abtrocknen, vierteln, Kerngehäuse und Blütenansätze herausschneiden. Die Quittenstücke sofort in das Zitronenwasser legen.

2_ Die Vanilleschote längs aufschneiden. Das Mark herausschaben. Ingwer schälen und in dünne Scheiben schneiden. Kardamomsamen aus den Kapseln lösen und im Mörser fein zerstoßen.

3_ Die Quittenstücke mit einem Schaumlöffel aus dem Zitronenwasser nehmen und in einen Topf geben. Vom Zitronenwasser 500 ml abmessen und hinzugießen.

4_ Vanilleschote, -mark, Ingwerscheiben, Kardamom oder Nelken und Sternanis hinzugeben. Alles zum Kochen bringen, zugedeckt 30–40 Minuten bei schwacher Hitze unter gelegentlichem Rühren kochen lassen, bis die Quittenstücke weich sind.

5_ Ein großes Sieb mit einem feuchten Geschirrtuch auslegen und in eine Schüssel hängen. Quittenkompott hineingeben. Den Saft (am besten über Nacht) kalt gestellt langsam ablaufen lassen.

6_ Die Vanilleschote, Ingwerscheiben und den Sternanis aus dem Kompott entfernen. Das Quittenkompott fein pürieren und etwa 900 g abwiegen. Das Püree in einem großen Topf mit Gelierzucker und Zucker mischen, unter Rühren aufkochen lassen. Das Quittenpüree unter Rühren bei mittlerer Hitze ohne Deckel etwa 20 Minuten einkochen lassen, bis eine zähe, dickflüssige Masse entstanden ist.

7_ Die Masse in eine Auflaufform (etwa 30 x 20 cm, gefettet) geben und glatt streichen. Die Masse bei Zimmertemperatur (etwa 18 °C) 4–5 Stunden erkalten und fest werden lassen.

8_ Dann aus der fest gewordenen Masse etwa 4 x 2 cm große Stücke schneiden. Die Quitten-Brotstücke in Kokosraspeln wälzen.

→ **TIPP:**
Den abgetropften Saft z.B. für ein Quittengelee verwenden.

ORANGEN-PISTAZIEN-LOKUM

20 g Puderzucker
70 g Maisstärke
50 g Pistazienkerne
3 Bio-Orangen (unbehandelt, ungewachst)

3 Zitronen
400 g Zucker
1 Msp. Dr. Oetker Backin

ZUSÄTZLICH:
1 TL Pflanzenöl
Backpapier
Zuckerthermometer

1_ Eine quadratische Auflaufform (18 x 18 cm) dünn mit Pflanzenöl bestreichen und mit Backpapier auslegen, das Backpapier rundherum andrücken.

2_ Puderzucker mit 10 g Maisstärke mischen. Boden der Form mit etwas davon leicht bestäuben.

3_ Pistazienkerne in einer Pfanne ohne Fett unter Rühren leicht anrösten, auf einen Teller geben.

4_ Eine Orange heiß abwaschen, abtrocknen und die Schale fein abreiben. Alle Orangen und Zitronen halbieren, den Saft auspressen und insgesamt 350 ml Saft abmessen. 100 ml von dem Saft und Zucker in einen Topf (etwa 2 Liter Inhalt) geben, kurz verrühren und bei starker Hitze zum Kochen bringen. Zuckerthermometer in den Topf stellen. Die Saft-Zucker-Mischung bei starker Hitze auf 120 °C kochen. Den Topf von der Kochstelle nehmen und das Zuckerthermometer entfernen (dabei den Saft-Zucker-Sirup nicht berühren, sehr heiß).

5_ Inzwischen restlichen Orangen-Zitronen-Saft (250 ml), die Orangenschale und restliche Maisstärke (60 g) in einen zweiten Topf (etwa 2 Liter Inhalt) geben und mit einem Holzpfannenwender glatt rühren. Die Saftmischung bei starker Hitze unter ständigem Rühren mit dem Holzpfannenwender aufkochen lassen.

6_ Den Topf mit der Saftmasse auf eine rutschfeste Unterlage stellen (z. B. auf ein feuchtes Geschirrtuch). Die gekochte Saft-Zucker-Mischung in etwa 5 Portionen hinzugießen und mit einem Schneebesen gut unterrühren. Dabei darauf achten, dass keine Klümpchen entstehen.

7_ Den Topf auf die Kochstelle stellen. Die Masse bei mittlerer Hitze unter ständigem Rühren mit dem Holzpfannenwender etwa 5 Minuten kochen. Backpulver und Pistazienkerne unterrühren.

8_ Die zähe Lokummasse in die vorbereitete Form geben, mit einem Teelöffel der restlichen Puderzucker-Stärke-Mischung fein bestäuben. Form etwa 6 Stunden in den Kühlschrank stellen.

9_ Ein Schneidbrett mit etwas von der Puderzucker-Stärke-Mischung bestäuben, Lokum vorsichtig auf das Schneidbrett stürzen. Backpapier abziehen.

10_ Orangen-Pistazien-Lokum in etwa 3 x 2 cm
breite Stücke schneiden (Messerklinge
zwischendurch reinigen). Restliche Puderzucker-
Stärke-Mischung in einen tiefen Teller geben,
Lokum darin wenden, damit die Stücke nicht
aneinanderkleben.

ORIENTALISCHES KONFEKT

100 g abgezogene, gem. Mandeln
75 g Pistazienkerne
4 grüne Kardamomkapseln (aus dem
*   Asia-Laden oder gut sortierten*
*   Spezialitäten-Gewürzabteilungen) oder*
*   1 Msp. gem. Piment (Nelkenpfeffer)*
40 g getrocknete Soft-Feigen
40 g getrocknete Datteln, ohne Stein
40 g getrocknete Soft-Aprikosen, ohne Stein
150 g Löffelbiskuits

1 Pck. Dr. Oetker Finesse
*   Orangenschalen-Aroma*
75 g flüssiger, heller Honig
¼ TL gem. Zimt
¼ TL gem. Gewürznelken
3 EL Walnussöl

ZUM WÄLZEN:
100 g Puderzucker

1_ Mandeln und Pistazienkerne in einer Pfanne ohne Fett unter Rühren rösten, herausnehmen und auf einem Teller abkühlen lassen.

2_ Kardamomsamen aus den Kapseln lösen und im Mörser fein zerstoßen. Von den Feigen die Stiele abschneiden. Feigen, Datteln und Aprikosen in kleine Stücke schneiden.

3_ Löffelbiskuits in Stücke brechen und in der Küchenmaschine (mit einem Schlagmesser) fein hacken. Dattel-, Feigen-, Aprikosenstücke, Mandeln und Pistazienkerne nacheinander hinzugeben und alles fein hacken.

4_ Vom Orangenschalen-Aroma einen gestrichenen Teelöffel zum Wälzen beiseitelegen. Restliches Orangenschalen-Aroma, Honig, Kardamom oder Piment, Zimt, Nelken und Walnussöl hinzugeben. Die Zutaten kurz durchmixen, sodass eine glatte Masse entsteht.

5_ Die Konfektmasse zu etwa 35 walnussgroßen Kugeln formen. Die Kugeln anschließend zu flachen Talern drücken. Puderzucker mit dem beiseitegelegten Orangenschalen-Aroma in einer Schale mischen. Die Konfekttaler darin wälzen.

→ TIPP:

Statt Orangenschalen-Aroma können Sie auch geriebene Orangenschale von einer Bio-Orange (unbehandelt, ungewachst) verwenden.

SESAMHELVA

50 g Sesamsamen, geschält
160 g Zucker
1 EL flüssiger Orangenblüten-Honig (30 g)
50 ml Wasser
1 ½ Eiweiß (Größe M)
1 Prise Salz
150 g Tahin (Sesampaste)

40 g Zartbitter-Raspelschokolade

ZUSÄTZLICH:

Backpapier
1 TL Butter (zimmerwarm)
Zuckerthermometer
Palette

1_ Einen Bogen Backpapier mit Butter bestreichen. Sesamsamen in einer Pfanne ohne Fett unter Rühren bei mittlerer Hitze goldbraun rösten.

2_ Die gerösteten Sesamsamen auf dem gefetteten Backpapier verteilen und anschließend zu einem Rechteck (etwa 30 x 15 cm) verstreichen.

3_ Zucker, Honig und Wasser in einen Topf (etwa 1 Liter Inhalt) geben, mit einem Kochlöffel verrühren. Zuckerthermometer in den Topf stellen. Die Zuckerlösung auf 140 °C kochen (nicht rühren). Wenn die Temperatur erreicht ist, das Zuckerthermometer aus dem Topf nehmen. Den Topf von der Kochstelle nehmen und kurz in kaltes Wasser tauchen, um den Kochvorgang zu unterbrechen.

4_ Inzwischen Eiweiß mit Salz in einer Rührschüssel steif schlagen. Gekochten Zucker unter ständigem Rühren in einem dünnen Strahl in den Eischnee zwischen die Rührstäbe gießen (darauf achten, dass er nicht an den Schüsselrand gegossen wird, er kühlt sofort ab, wird zäh und mischt sich dann nicht mehr mit dem Eischnee). Dann Tahin (Sesampaste) mit einem Teigspatel unterrühren.

5_ Die Masse in einen breiten Topf (am besten eine Patisserieschüssel) geben und bei mittlerer Hitze unter kräftigem Rühren mit einem Holzpfannenwender 1 Minute kochen lassen, dabei wirklich schnell rühren, da die Masse schnell anbrennt.

6_ Die heiße Masse gleichmäßig auf dem Sesam-Rechteck verstreichen, mit der Raspelschokolade bestreuen und leicht abkühlen lassen. Danach die Helvaplatte etwa 10 Minuten in den Kühlschrank legen, bis sie etwas fester ist.

7_ Die Helvaplatte von einer Längsseite her mithilfe der Palette und des Backpapiers aufrollen. Die Helvarolle wie ein Bonbon in dem Backpapier einrollen und die offenen Papierenden zusammendrehen. Die Rolle mindestens 3 Stunden in den Kühlschrank legen.

8_ Das Sesamhelva auswickeln und in etwa 1 cm breite Stücke schneiden.

→ TIPP:

Sesamhelva in Pralinenkapseln servieren.

MINZPASTILLEN

10 g Tragantpulver (Internet oder Apotheke)
40 ml kaltes Wasser
½ Eiweiß (Größe M)

4–5 Tropfen naturreines Minzöl
390 g Puderzucker
1 Msp. grüne und blaue Speisefarbpaste

1_ Tragant mit dem Wasser in einer kleinen Schüssel
mit einer Gabel glatt verrühren und zugedeckt
etwa 6 Stunden im Kühlschrank quellen lassen.

2_ Das Eiweiß in eine Rührschüssel geben. Die
Tragantmasse hinzugeben und mit einem Schneebesen glatt verschlagen. Minzöl unterrühren.

3_ 350 g Puderzucker portionsweise hinzugeben und
mit dem Mixer (Knethaken) auf mittlerer Stufe zu
einer knetfähigen Masse verarbeiten. (Wenn die
Tragantmasse sehr zäh ist, die Masse etwa
3 Stunden zugedeckt in den Kühlschrank legen.)

4_ Die Arbeitsfläche mit etwa der Hälfte des rest-
lichen Puderzuckers gleichmäßig dick bestäuben.
Den Tragantteig darauflegen und mit einer
Teigrolle etwa ½ cm dick ausrollen.

5_ Aus dem Teig mit einer Ausstechform (Ø 2 cm)
etwa 60 Taler (Pastillen) ausstechen. Die Teigreste
verkneten und mit grüner und blauer Speisefarbpaste türkis einfärben. Den Teig mit einem Teil des
restlichen Puderzuckers bestäuben und weitere
60 Taler (Ø 2½ cm) ausstechen. Teigreste wieder
verkneten, bestäuben und ausrollen.

6_ In die großen Pastillen beliebige Muster, z.B. mit
einem Apfelausstecher eindrücken.

7_ Die Pastillen auf einem Backblech verteilen und
bei Zimmertemperatur mindestens 12 Stunden
trocknen lassen.

→ TIPPS:

Beim Zubereiten sollte eine Pastille probiert werden,
um die Schärfe des Minzaromas zu kontrollieren.
Es können beliebige, zur innerlichen Anwendung ge-
eignete Öle, wie z.B. japanisches Minzöl oder andere
ätherische Öle wie Limetten-, Zitronen-, Lemongras-
oder Ingweröl verwendet werden.

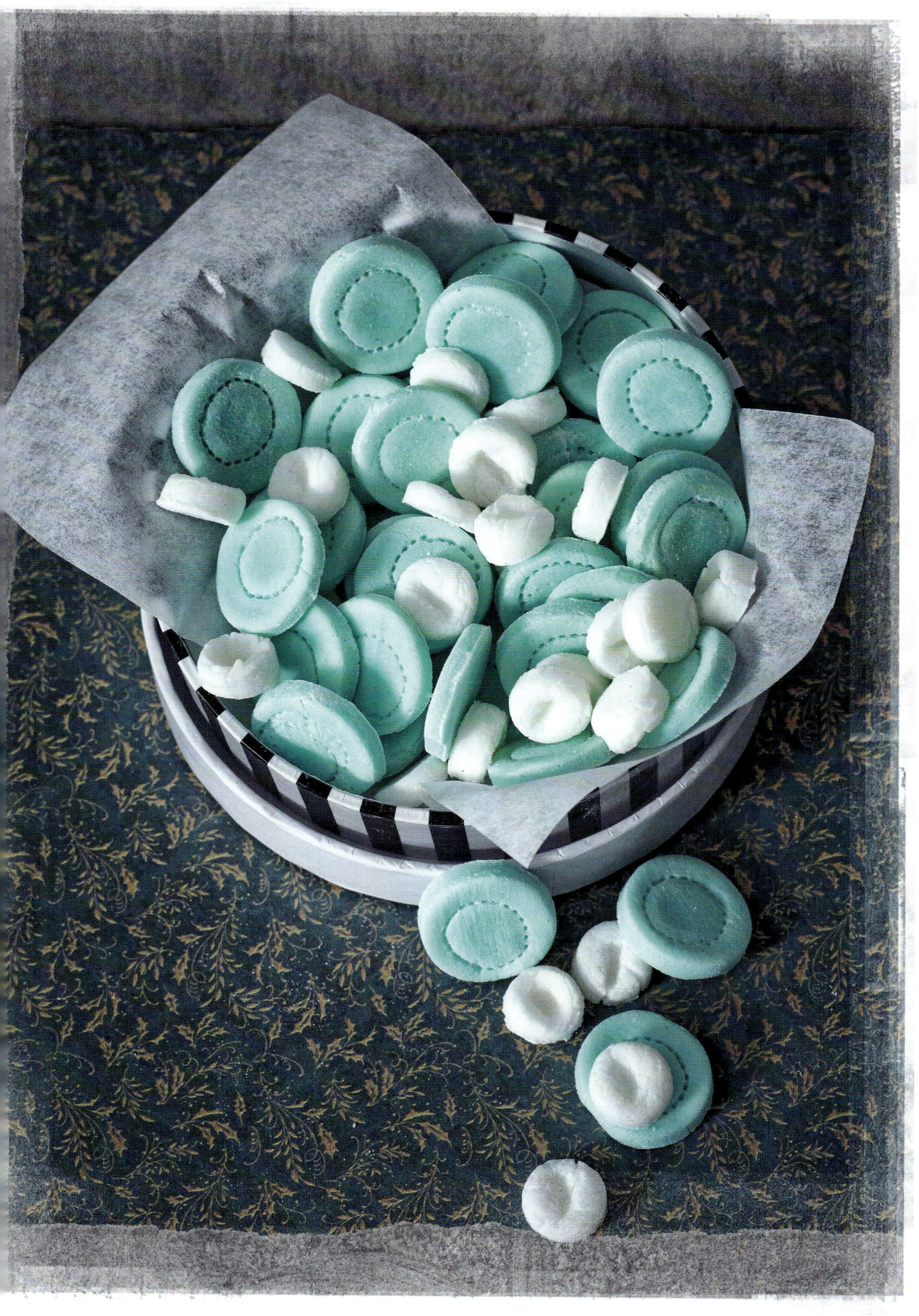

CHILI-PRALINEN

2 rote Chilischoten
100 g Schlagsahne (mind. 32 % Fett)
125 g Edel-Sahne-Schokolade
    (mind. 45 % Kakaoanteil)
100 g Butter (zimmerwarm)

20 g Puderzucker
etwa 150 g hauchdünne Edelbitter-
    Schokoladen-Täfelchen
    (etwa 60 % Kakaoanteil)

1_ Chilischoten abspülen, trocken tupfen, entstielen, halbieren, entkernen und in sehr kleine Würfel schneiden. Sahne und Chiliwürfel in einem kleinen Topf zum Kochen bringen und bei mittlerer Hitze 2–3 Minuten auf etwa 75 ml einkochen lassen. In der Zwischenzeit die Schokolade hacken.

2_ Den Topf von der Kochstelle nehmen. Schokolade zu der Sahne geben und unter Rühren schmelzen, etwas abkühlen lassen.

3_ Butter und Puderzucker mit einem Mixer (Rührstäbe) schaumig schlagen. Die Schokoladen-Sahne-Masse unterrühren und zugedeckt etwa 30 Minuten in den Kühlschrank stellen, bis eine spritzfähige Masse entstanden ist.

4_ Die Schokoladen-Butter-Masse in einen Spritzbeutel mit kleiner Sterntülle (Ø 6 mm) füllen. Die Schokoladentäfelchen mit einem Sägemesser in der Mitte durchschneiden. Auf die Hälfte der Schokostreifen jeweils 2 kleine Tupfen, auf die andere Hälfte jeweils einen Streifen spritzen. Die Täfelchen mit den Streifen auf die mit den Tupfen legen.

5_ Das Konfekt in den Kühlschrank stellen und fest werden lassen.

→ TIPP:

Falls sie kein Sägemesser haben, ein Messer mit einer dünnen, scharfen Klinge verwenden. Die Klinge evtl. in heißem Wasser anwärmen, abtrocknen und dann die Täfelchen zerteilen.

DRAGIERTE
ROSEN-MANDELN

20 g Gummi arabicum
470 g Zucker
400 g ungeschälte, ganze
　　Mandeln

20 ml Rosenwasser
1 TL Glukosesirup (10 g)
1 Msp. rote Speisefarbpaste

ZUSÄTZLICH:
Zuckerthermometer
Backpapier

1_ Gummi arabicum mit 2 Esslöffeln kaltem Wasser glatt rühren und beiseitestellen.

2_ 120 g Zucker mit 100 ml Wasser in einen kleinen schweren Topf (etwa 1 ½ Liter Inhalt) geben und zum Kochen bringen. Zuckerthermometer in den Topf stellen. Das Zuckerwasser bei mittlerer Hitze in etwa 5 Minuten auf 116 °C kochen.

3_ In der Zwischenzeit die Mandeln in einen breiten schweren Topf (am besten einen Kupfer-Rundkessel) geben und bei mittlerer Hitze unter ständigem Rühren mit einem Holzlöffel leicht anrösten.

4_ Sobald das Zuckerwasser 116 °C (Sirup) erreicht hat, das Zuckerthermometer herausnehmen. Den Zuckersirup unter schnellem Rühren zu den Mandeln gießen und bei starker Hitze so lange mit einem Holzlöffel kräftig rühren, bis die Mandeln zu knacken beginnen, die Flüssigkeit verdampft ist und die Mandeln einen feinen weißen, sandähnlichen Zucker-Überzug haben.

5_ Die Mandeln sofort in ein großes, grobes Sieb geben. Überschüssigen Zucker über dem Backpapier abschütteln. Beide Töpfe reinigen.

6_ Den Zucker vom Backpapier mit 150 g Zucker und 50 ml kaltem Wasser in den kleinen Topf geben. Zuckerthermometer in den Topf stellen. Das Zuckerwasser bei mittlerer Hitze auf 108 °C (Sirup) kochen.

7_ Die noch warmen, überzogenen Mandeln wieder in den großen Topf geben. Zuckersirup hinzugeben und bei starker Hitze so lange mit einem Holzlöffel rühren, bis sich eine weitere, helle Schicht um die Mandeln gelegt hat. Die Mandeln sofort wieder in das Sieb schütten.

8_ Überschüssigen Zucker erneut über dem Backpapier abschütteln und den Zucker in den großen Topf geben.

9_ 200 g Zucker, 80 ml kaltes Wasser, Rosenwasser, Glukosesirup und rote Speisefarbpaste ebenfalls in den großen Topf geben und alles verrühren. Das Zuckerthermometer in den Topf stellen. Das Zuckerwasser zum Kochen bringen und bei mittlerer Hitze auf 110 °C kochen. Das Zuckerthermometer herausnehmen. Aufgelöstes Gummi arabicum unter den Zuckersirup rühren. Den Topf von der Kochstelle nehmen.

10_ Die gezuckerten Mandeln hinzugeben und mit einem Kochlöffel darin kurz verrühren, sodass sie einen roten Überzug bekommen. Die Mandeln sofort auf einen Bogen Backpapier geben und mithilfe von 2 Gabeln sofort ausein-

(Fortsetzung Seite 74)

(Fortsetzung von Seite 72)

anderziehen, damit sie nicht aneinanderkleben. Die Mandeln etwa 20 Minuten abkühlen lassen, der Zuckerüberzug wird dann fest und trocken.

→ **TIPP:**

Sie können statt Mandeln auch geschälte Haselnuss-, Pistazien-, Erdnuss- oder Macadamianusskerne verwenden. Statt mit Rosenwasser können Sie die Mandeln mit Orangenblütenwasser oder einer Prise gemahlenem Zimt aromatisieren.

⏱ 30 Minuten, ohne Kühlzeit | 30 Stück | Haltbarkeit: 8–10 Tage, im Kühlschrank, in gut schließenden Dosen

---

SAHNE-VANILLE-KONFEKT

FÜR DIE PRALINENMASSE:
300 g Vollmilch-Kuvertüre
125 g Schlagsahne (mind. 32 % Fett)
1 Pck. Dr. Oetker Bourbon-Vanille-Zucker
30 g Butter (zimmerwarm)

ZUM BESTÄUBEN UND WÄLZEN:
50 g Puderzucker
20 g Kakaopulver

ZUSÄTZLICH:
30 Pralinenförmchen

1_ Für die Pralinenmasse Kuvertüre in Stücke hacken. Sahne mit Vanille-Zucker in einem kleinen Topf zum Kochen bringen und kurz kochen lassen. Den Topf von der Kochstelle nehmen. Kuvertürestücke hinzufügen und unter Rühren schmelzen. So lange rühren, bis eine glatte Masse entstanden ist. Die Schokoladenmasse in eine Schüssel geben, abkühlen lassen und zugedeckt über Nacht in den Kühlschrank stellen.

2_ Die Schokoladenmasse mit Butter cremig aufschlagen. Nochmals so lange in den Kühlschrank stellen, bis die Masse wieder fest geworden ist.

3_ Aus der Masse knapp walnussgroße Kugeln formen. Die Kugeln in Puderzucker wälzen und mit Kakao bestäuben. Die Sahne-Vanille-Kugeln in Pralinenförmchen legen.

→ **TIPP:**

Das Sahne-Vanille-Konfekt hübsch verpackt in einer kleinen Schachtel verschenken.

STIELSCHOKOLADE

250 g Zartbitter-Kuvertüre
  (etwa 50 % Kakaoanteil)
40 g Orangeat
2 EL Orangenlikör
1 TL gem. Kardamom

ZUSÄTZLICH:
1 Küchenthermometer
1 Silikonform mit 12 Mulden
  (je Mulde 20 ml Inhalt)
12 Holzstiele

1_ Die Kuvertüre grob hacken. Ein Drittel der Kuvertüre in eine Schüssel geben. Etwa 40 °C heißes Wasser (Küchenthermometer) in einen Topf gießen und die Schüssel hineinstellen. Die Kuvertüre im Wasserbad bei schwacher Hitze unter Rühren in etwa 20 Minuten schmelzen. Dabei die Wassertemperatur mithilfe des Küchenthermometers auf etwa 38 °C halten.

2_ In der Zwischenzeit das Orangeat in einem Blitzhacker sehr fein hacken und mit Orangenlikör verrühren.

3_ Die Schüssel aus dem Wasserbad nehmen. Die restliche gehackte Kuvertüre unter die geschmolzene Kuvertüre rühren und etwa 3 Minuten abkühlen lassen, bis ein zäher Brei entstanden ist.

4_ Die Schüssel wieder in das Wasserbad stellen und die Kuvertüre unter ständigem Rühren langsam wieder schmelzen, dabei darf die Wassertemperatur nicht über 38 °C steigen. Kardamom unter die geschmolzene Kuvertüre rühren.

5_ Die Mulden der Silikonform zur Hälfte mit der Kuvertüre füllen. Das Orangeat mittig darauf verteilen, mit restlicher Kuvertüre bedecken.

6_ Die Silikonform einige Minuten in den Kühlschrank stellen und die Kuvertüre etwas fest werden lassen. Die Holzstiele in die Kuvertüre stecken und weitere etwa 10 Minuten im Kühlschrank fest werden lassen.

7_ Dann die Form herausnehmen und die fest gewordene Schokolade aus der Form lösen.

→ TIPP:
Die Stielschokolade in jeweils einem Becher mit heißer Milch schmelzen und genießen.

WALNUSS-APRIKOSEN-KONFEKT

125 g getrocknete Aprikosen
3 EL Apricot Brandy
200 g Marzipan-Rohmasse
100 g Puderzucker

150 g Zartbitter-Kuvertüre
  (etwa 50 % Kakaoanteil)
1 EL Sonnenblumenöl
100 g Walnusskernhälften

ZUSÄTZLICH:
etwas Puderzucker für die Arbeitsfläche

1_ Aprikosen in sehr kleine Stücke schneiden, mit Apricot Brandy beträufeln und zugedeckt etwa 2 Stunden durchziehen lassen.

2_ Marzipan mit Puderzucker verkneten, anschließend die getränkten Aprikosenstückchen unterarbeiten.

3_ Die Aprikosen-Marzipan-Masse auf einer mit Puderzucker bestäubten Arbeitsfläche zu Rollen (Ø etwa 2 cm) formen. Dann die Rollen in etwa ½ cm dicke Scheiben schneiden.

4_ Kuvertüre in Stücke hacken, mit Sonnenblumenöl in einem kleinen Topf im Wasserbad bei schwacher Hitze unter Rühren schmelzen. Jede Marzipanscheibe hineintauchen, die Unterseite am Rand abstreifen und auf Backpapier setzen, evtl. nochmals umsetzen, damit das Konfekt keine „Füßchen" bekommt.

5_ Die Walnusskernhälften auf den noch feuchten Guss setzen. Den Guss fest werden lassen.

⏱ 45 Minuten, ohne Abkühlzeit

30 Stück

Haltbarkeit: etwa 2 Wochen, kühl und trocken, zwischen einzelnen Lagen Backpapier, in einer luftdicht verschließbaren Dose

BLÄTTERKROKANT

100 g gehobelte Mandeln
40 g Nuss–Nougat
2 EL Rapsöl
200 g Zucker
1 EL Glukosesirup (etwa 20 g)

ZUSÄTZLICH:
Silikonmatte
Backpapier

1_ Den Backofen vorheizen.
Ober-/Unterhitze: etwa 180 °C
Heißluft: etwa 160 °C

2_ Mandeln auf einem Backblech verteilen, im vorgeheizten Backofen in etwa 6 Minuten goldbraun rösten. Mandeln auf einem Teller abkühlen lassen. Nuss-Nougat in einer kleinen Metallschüssel im Wasserbad bei schwacher Hitze unter Rühren schmelzen.

3_ In der Zwischenzeit eine Silikonmatte dünn mit Rapsöl bestreichen. Zucker, Glukosesirup und 100 ml Wasser in einem breiten Topf verrühren. Die Zutaten bei starker Hitze (nicht rühren) zum Kochen bringen und so lange kochen lassen, bis ein goldgelber Karamell entstanden ist. Die gerösteten Mandeln mit einem Holzpfannen- wender unter den Karamell rühren.

4_ Die heiße Mandel-Karamellmasse sofort mit dem Holzpfannenwender auf die vorbereitete Silikonmatte geben und mit Backpapier bedecken. Die Masse mit einer Teigrolle zügig etwa ½ cm dick zu einem Rechteck (etwa 25 x 30 cm) ausrollen. Die Hälfte der Mandelplatte sofort mit einem Esslöffel Nougat bestreichen. Die andere Hälfte der Mandelplatte mithilfe der Silikonmatte darüberschlagen.

5_ Die Krokantplatte auf dem Backblech (mit Back- papier belegt) in den vorgeheizten Backofen schieben, **bei gleicher Backofentemperatur etwa 5 Minuten erhitzen**, bis der Krokant wieder weich ist. Inzwischen die Silikonmatte säubern und erneut mit Rapsöl bestreichen.

6_ Die Krokantplatte umgedreht mit dem Backpa- pier nach oben auf die Silikonmatte stürzen und wieder zu einem Rechteck, wie unter Punkt 5 beschrieben, ausrollen. Das Backpapier abziehen, die Hälfte der Krokantplatte mit dem restlichen Nougat bestreichen und die andere Hälfte wieder darüberschlagen.

7_ Die Krokantplatte wie unter Punkt 5 beschrieben etwa 4 Minuten erhitzen, bis der Krokant weich ist (zwischendurch wieder die Silikonmatte säubern und mit etwas Rapsöl bestreichen).

8_ Den heißen Blätterkrokant wieder auf die Silikon- matte stürzen und sofort mithilfe der Silikonmatte auf die Hälfte zusammenlegen. Den Krokant wieder mit Backpapier bedecken und etwa 1 cm dick zu einem Rechteck (etwa 25 x 12 cm) ausrollen. Ein Schneidbrett dünn mit Rapsöl bestreichen. Die Blätterkrokant-Platte darauflegen.

9_ Ein großes Messer leicht mit Rapsöl bestreichen. Den Krokant zuerst der Länge nach halbieren, dann quer in etwa 1 ½ cm breite Streifen schnei- den. Krokant erkalten lassen.

MARONEN-MARASCHINO-STANGEN

250 g Vollmilch-Kuvertüre
175 g Schlagsahne (mind. 32 % Fett)
100 g Puderzucker
350 g Maronenpüree (ungesüßt, aus der Dose)
Salz

5 EL Maraschino (klarer Kirschlikör)
100 g Butter (zimmerwarm)
80 g gesiebtes Kakaopulver
50 g gesiebter Puderzucker
1 EL gem. Koriander

1_ Die Kuvertüre grob hacken und in einen Topf geben. Sahne und Puderzucker unterrühren und unter Rühren mit einem Schneebesen erhitzen. Maronenpüree und 1 Prise Salz unterrühren. Die Maronen-Kuvertüre-Masse etwa 2 Minuten unter Rühren kochen lassen.

2_ Anschließend die Maronen-Kuvertüre-Masse in eine Rührschüssel geben und etwas abkühlen lassen.

3_ Maraschino und Butter zur abgekühlten Maronen-Kuvertüre-Mischung geben und mit einem Mixer (Rührstäbe) zu einer glatten Masse verrühren.

4_ Die Maronen-Maraschino-Masse portionsweise in einen Spritzbeutel mit Lochtülle (Ø 12 mm) füllen. Nebeneinander 8 Stangen je etwa 40 cm lang auf ein Backblech oder Schneidbrett (mit Backpapier belegt) spritzen und zugedeckt über Nacht in den Kühlschrank stellen.

5_ Jede Stange in etwa 3 cm breite Stücke schneiden und leicht die Zimmertemperatur annehmen lassen, damit der Kakao besser haftet.

6_ Kakao und Puderzucker mit dem Koriander in einer weiten, tiefen Schüssel mischen.

7_ Die Stücke (Stangen) darin portionsweise (jeweils 4–5 Stangen) unter Rütteln mit der Kakao-Puderzucker-Mischung umhüllen.

→ TIPP:

Wenn Sie keine Lochtülle haben, dann können Sie auch von einem Einwegspritzbeutel eine 12 mm breite Spitze abschneiden und so die Masse aufspritzen.

SCHOKOLÖFFEL

150 g Zartbitter-Kuvertüre
    (etwa 50 % Kakaoanteil)
50 g weiße Kuvertüre
10 g getrocknete Aprikosen
5 g Pistazienkerne
1 TL Silberperlen
1 TL Zuckerstreusel
1 TL Zuckersterne

ZUSÄTZLICH:
1 Küchenthermometer
12 Esslöffel
1 Holzspieß

1_ Zartbitter- und weiße Kuvertüre getrennt voneinander fein hacken.

2_ Etwa 40 °C heißes Wasser (Küchenthermometer) in einen Topf gießen. Die weiße Kuvertüre in eine Schüssel geben und in den Topf stellen. Die Kuvertüre im Wasserbad bei schwacher Hitze unter Rühren schmelzen und anschließend warm halten.

3_ Ein Drittel der Zartbitter-Kuvertüre ebenfalls in eine Schüssel geben. Etwa 40 °C heißes Wasser (Küchenthermometer) in einen Topf gießen und die Schüssel hineinstellen. Die Kuvertüre im Wasserbad bei schwacher Hitze unter Rühren in etwa 20 Minuten schmelzen. Dabei die Wassertemperatur mithilfe des Küchenthermometers auf etwa 38 °C halten.

4_ Die Schüssel aus dem Wasserbad nehmen. Die restliche gehackte Kuvertüre unter die geschmolzene Kuvertüre rühren und etwa 3 Minuten abkühlen lassen, bis ein zäher Brei entstanden ist.

5_ Die Schüssel wieder in das Wasserbad stellen und die Kuvertüre unter ständigem Rühren langsam wieder schmelzen, dabei darf die Wassertemperatur nicht über 38 °C steigen.

6_ Getrocknete Aprikosen in feine Würfel schneiden. Pistazienkerne in Streifen schneiden.

7_ 12 Esslöffel auf einer Arbeitsfläche nebeneinanderlegen. Die Löffelstiele mit einem Gegenstand (Karton, Brettchen o. ä.) erhöhen, sodass die flüssige Kuvertüre beim Eingießen nicht auslaufen kann.

8_ Die temperierte, dunkle Kuvertüre in die Löffel gießen. Die weiße Kuvertüre daufträufeln und mit einem Holzspieß ein gewünschtes Muster durch die weiße und dunkle Kuvertüre ziehen.

9_ Die Schokolöffel mit Aprikosenwürfeln, Pistazienstreifen, Silberperlen, Zuckerstreuseln und Zuckersternen bestreuen.

10_ Die Schokolade bei Zimmertemperatur etwa 30 Minuten fest lassen.

MOKKAWÜRFEL

200 g Kaffee-Sahne- oder
    Cappuccino-Sahne-Schokolade
75 ml Wasser
2 TL lösliches Kaffeepulver
50 g Butter
50 g Pinienkerne
25 g Walnusskerne
100 g Butterkekse

2 TL Kakaopulver
1 TL Puderzucker

ZUSÄTZLICH:
Backpapier

1_ Schokolade zuerst in Stücke brechen und anschließend grob hacken. Wasser in einem Topf zum Kochen bringen, das Kaffeepulver darin auflösen. Butter hinzugeben und darin zerlassen. Die Schokoladenstückchen hinzugeben und bei schwacher Hitze geschmeidig rühren. Die Schokoladenmasse etwas abkühlen lassen.

2_ Pinienkerne in einer Pfanne ohne Fett unter Rühren leicht bräunen. Walnusskerne grob hacken. Butterkekse in einen Gefrierbeutel geben, den Beutel fest verschließen. Die Kekse mit einer Teigrolle grob zerbröseln. Pinienkerne, Walnuss-kernstücke und Keksbrösel zur Schokoladen-masse geben und gut verrühren.

3_ Die Masse auf eine mit Backpapier belegte Tortenplatte geben (Backpapier evtl. mit einigen Tupfen von der Schokoladenmasse festkleben) und mit einem großen glatten Messer zu einem Rechteck (etwa 15 x 17 ½ cm) verstreichen. Die Schokoladenmasse zugedeckt 2–3 Stunden in den Kühlschrank stellen und fest werden lassen.

4_ Die Schokoladenmasse in etwa 2½ cm große Würfel schneiden. Mit Kakao und Puderzucker bestäuben.

SCHOKONÜSSE

120 g Zucker
1 TL gem. Zimt
150 g Nussmischung (Cashew-, Pekannuss-, Walnusskerne)
100 g Zartbitter-Kuvertüre (etwa 50% Kakaoanteil)
20 g Puderzucker
1 EL Himbeerpulver (Internet)

ZUSÄTZLICH:
Zuckerthermometer
Backpapier
Küchenthermometer
50 Pralinenkapseln

1_ Zucker mit 50 ml Wasser und ½ Teelöffel Zimt in einen schweren Topf (etwa 3 Liter Inhalt) geben und zum Kochen bringen. Das Zuckerthermometer in den Topf stellen und die Zuckerlösung auf 116 °C kochen.

2_ Das Zuckerthermometer herausnehmen. Die Nusskernmischung in den flüssigen Zucker geben, bei mittlerer Hitze unter ständigem Rühren mit einem Holzlöffel so lange kräftig rühren, bis die Nusskerne zu knacken beginnen und sich die Zuckerlösung als heller, sandähnlicher Belag auf die Kerne gelegt hat.

3_ Die Nusskerne so lange weiterrühren, bis der Belag auf den Kernen wieder flüssig wird, zu karamellisieren beginnt und die Nusskerne gleichmäßig vom Karamell überzogen sind. Die Nusskerne auf einem Bogen Backpapier verteilen und mit zwei Gabeln voneinander trennen, Nusskerne erkalten lassen.

4_ In der Zwischenzeit Kuvertüre temperieren. Dafür die Kuvertüre grob hacken. Ein Drittel davon in eine kleine Schüssel geben und im Wasserbad (etwa 40 °C, Küchenthermometer) bei schwacher Hitze unter Rühren schmelzen.

5_ Die Schüssel aus dem Wasserbad nehmen und die restliche gehackte Kuvertüre unterrühren, bis ein zäher Brei entstanden ist. Dann die Kuvertüre im Wasserbad bei etwa 38 °C (mithilfe des Küchenthermometers die Wasserbadtemperatur halten) unter Rühren erneut schmelzen.

6_ Die karamellisierten Nusskerne vom Backpapier in eine breite Rührschüssel geben.

7_ Die Nusskerne zuerst mit der Kuvertüre beträufeln, dann in der Schüssel wenden, bis sie mit der Kuvertüre ummantelt sind. Die Schokonüsse wieder auf dem Backpapier verteilen und voneinander trennen.

8_ Puderzucker mit restlichem Zimt mischen. Die Hälfte der Schokonüsse mit Zimtzucker bestreuen. Die restlichen Schokonüsse mit Himbeerpulver bestreuen.

9_ Die Schokonüsse in Pralinenkapseln legen.

PUMPERNICKEL-PRALINEN

100 g Pumpernickel (2–3 Scheiben)
2 EL Kirschwasser
100 g Edelbitter-Schokolade
    (etwa 70 % Kakaoanteil)

½–1 Pck. Dr. Oetker Bourbon-Vanille-Zucker
75 g ger. Edelbitter-Schokolade
    (etwa 70 % Kakaoanteil)
evtl. etwas Puderzucker

1_ Pumpernickelscheiben fein zerbröseln, evtl. mit einer Gabel zerdrücken und in eine Schüssel geben, mit Kirschwasser tränken und zugedeckt etwa 30 Minuten durchziehen lassen.

2_ Schokolade in Stücke brechen, in einem kleinen Topf im Wasserbad bei schwacher Hitze unter Rühren schmelzen. Pumpernickelbrösel und Vanille-Zucker unterrühren, evtl. etwas abkühlen lassen. Dann 50 g von der geriebenen Schokolade unterrühren.

3_ Die Masse in 4 Portionen teilen. Die Portionen jeweils zu Rollen (Ø etwa 2 cm) formen. Die restliche geriebene Schokolade auf Backpapier geben und die Rollen darin wälzen.

4_ Die Rollen mit einem scharfen Messer in etwa 3 cm lange „Brote" schneiden, mit dem Messerrücken Kerben wie in ein Brot eindrücken und die Schnittflächen in die restliche geriebene Schokolade drücken.

5_ Die Pumpernickel-Pralinen kalt stellen und fest werden lassen. Dann nach Belieben die Pralinen leicht mit Puderzucker bestäuben.

RATGEBER

Karamell: Ganz vorsichtig sein

Es ist so lecker und vielseitig einsetzbar. Aber wer noch nicht wirklich geübt im Umgang mit kochendem Zucker ist, sollte besonders aufpassen, denn Karamell wird sehr heiß. Beim Spritzen, Anfassen oder Probieren kann man sich schnell die Finger oder Lippen verbrennen. Gerade für Kinder ist die Versuchung groß, mal eben zu „naschen". Sie dürfen nie ohne Aufsicht mit heißem, karamellisiertem Zucker in Berührung kommen – das ist einfach zu gefährlich.

Das richtige Handwerkszeug richtig einsetzen

Mit dieser Grundausstattung werden Sie schnell und vor allem sicher zum „Karamell-Profi":

Zuckerthermometer

Hier kommt es auf Genauigkeit an. Deshalb bei der Auswahl darauf achten, dass es am Topfrand einge- hängt werden kann. Die Glaskugel mit Messflüssigkeit sollte möglichst weit unten am Gehäuse des Thermo- meters angebracht sein, damit die Temperatur auch kleinerer Mengen Zucker gemessen werden kann. Besonders präzise sind Küchenthermometer mit Digitalanzeige. Sie messen sehr exakt – außerdem kann man sie für viele andere Zwecke wie zum Tempe- rieren von Kuvertüre oder als Bratenthermometer verwenden. Wichtig: Immer die Gebrauchsanweisung der Thermometer beachten. Da sie nicht geeicht sind, kann es immer zu Abweichungen der gemessenen Temperatur kommen.

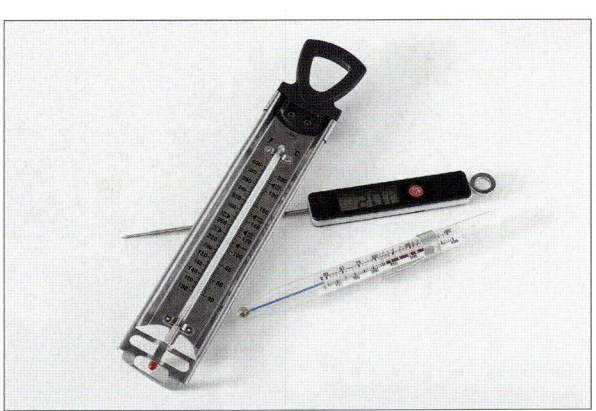

• Verschiedene Zucker- und Küchenthermometer

Schneebesen und Spatel

Abstand halten ist das oberste Gebot, denn Zucker kocht stark, wird sehr heiß und spritzt. Wichtig ist deshalb, dass die verwendeten Schneebesen und Spatel (Pfannenwender) einen langen Stiel haben.

• Geräte zur Candie-Zubereitung: Kupfertopf, Schnee- besen, Rührspatel (Pfannenwender aus Holz), Silikon- matte/ Backmatte, Lollipop-Stiele

Töpfe

Wichtig beim Kochen von Zucker ist ein leitfähiger Topf- boden, der die Hitze gleichmäßig abgibt. Ist er zu leicht, dann kann geschmolzener Zucker an einigen Stellen (beispielsweise am äußeren Rand des Topfbodens) verbrennen, während er in der Topfmitte noch hell ist. Beim Kochen von Fudge hat sich ein Kupfertopf mit Verzinnung bewährt. Gezuckerte Kondensmilch setzt besonders leicht an und verbrennt schnell. Das passiert bei einem schweren Kupfertopf nicht so leicht. Wichtig: Beim Kochen mit Gas darauf achten, dass der Topf groß genug ist, sonst verbrennt die Masse am Rand. Ob Elek- tro oder Gas – immer am Topfboden zu rühren, damit nichts ansetzt.

Silikonmatte

Sie verhindert das Verkleben von weichen Massen, ist elastisch und nützlich beim Bearbeiten von heißen Bonbonmassen. Diese können gefahrlos zusammenge- klappt werden – die Finger kommen nicht direkt mit der heißen Masse in Berührung. Silikonmatten mit einer Hitzebeständigkeit bis 250 °C sind perfekt für das Gießen von flüssigem Zucker, Ausrollen von Fondant sowie die Zubereitung von Blätterkrokant.

Lollipop-Stiele

Die sind einfach unerlässlich für Candies – es gibt sie in unterschiedlichen Größen aus Papier, Holz oder Kunststoff. Eine große Auswahl findet man auch im Internet und im Bastelbedarf. Wichtig: Die Stiele müssen lebensmittelecht und hitzebeständig sein.

Silikonformen

Sie sind in vielen Farben und Varianten zu haben – aber nicht alle können für die Herstellung von Karamell eingesetzt werden. Für die „Zuckerküche" müssen sie unbedingt für hohe Temperaturen geeignet sein. Viele Formen sind nur für Schokolade oder Eiswürfel gedacht und können bei hohen Temperaturen Giftstoffe freisetzen. Zur Sicherheit einfach umdrehen: Auf der Rückseite der Formen ist meistens angegeben, bis zu welchen Temperaturen (Plus- und Minus-Graden) sie benutzt werden können.

Beim Reinigen keine Zeit verlieren

Alles, was mit Zucker verklebt ist, am besten sofort in warmem Wasser einweichen. Sonst wird es hart und pappt richtig fest. Flüssige Kuvertürereste vor dem Spülen am besten mit Küchenpapier aus den Schalen wischen. Aufpassen: Die Reste niemals in den Ausguss schütten – sie werden fest und verstopfen die Rohre.

• Zutaten für Sweets und Candies: Farbpasten, farbige Kuvertüre, Zucker: Haushaltszucker, weißer Rohrzucker, brauner Rohrzucker, Muscovado-Zucker, brauner Vollrohrzucker, Glukosesirup, Vanilleextrakt, Aroma: Limette, Pfirsich, Erdbeer (sind im Internet bestellbar), Gummi arabicum (Pulver), Tragantpulver

Drei Schritte beim Temperieren von Kuvertüre
$\frac{1}{3}$ – $\frac{2}{3}$ Methode:

• $\frac{1}{3}$ der gehackten Kuvertüre wird in einer Metall-schüssel im 40 °C heißen Wasserbad geschmolzen.

• Restliche gehackte Kuvertüre wird in die geschmolzene Kuvertüre gerührt, es entsteht ein Brei.

• Der Brei wird im 38 °C heißen Wasserbad ge-schmolzen.

ALLGEMEINE HINWEISE
ZU DEN REZEPTEN

Lesen Sie bitte vor der Zubereitung – besser noch vor dem Einkauf – das Rezept einmal vollständig durch. Oft werden Arbeitsabläufe oder -zusammenhänge dann klarer.

Zutatenliste
Die Zutaten sind in der Reihenfolge ihrer Verarbeitung aufgeführt.

Arbeitsschritte
Die Arbeitsschritte sind einzeln hervorgehoben, in der Reihenfolge, in der sie von uns ausprobiert wurden.

Zubereitungszeiten
Die Zubereitungszeit ist ein Anhaltswert für die Dauer der Vorbereitung und die eigentliche Zubereitung. Längere Wartezeiten wie Kühl- oder Abkühlzeiten, Auftau- und Durchziehzeiten sind, sofern parallel keine weitere Tätigkeit erfolgt, nicht in der Zubereitungszeit enthalten.

Abkürzungen und Symbole

EL	=	Esslöffel	geh.	=	gehäuft
TL	=	Teelöffel	gem.	=	gemahlen
Msp.	=	Messerspitze	ger.	=	gerieben
Pck.	=	Packung/Päckchen	gestr.	=	gestrichen
g	=	Gramm	TK	=	Tiefkühlprodukt
kg	=	Kilogramm	°C	=	Grad Celsius
ml	=	Milliliter	Ø	=	Durchmesser
l	=	Liter	⏱	=	Zubereitungszeit
evtl.	=	eventuell			

ALPHABETISCHES
REGISTER

Für Fragen, Vorschläge oder Anregungen stehen Ihnen
der Verbraucherservice der Dr. Oetker Versuchsküche
Telefon: 00800 71 72 73 74 Mo.–Fr. 8:00–18:00 Uhr, Sa: 9:00–15:00 Uhr
(gebührenfrei in Deutschland) oder die Mitarbeiter des Dr. Oetker Verlages
Telefon: +49 (0) 521 52 06 50 Mo.–Fr. 9:00–15:00 Uhr zur Verfügung.

Schreiben Sie uns:
 Dr. Oetker Verlag KG, Am Bach 11, 33602 Bielefeld.
Oder besuchen Sie uns online unter www.oetker-verlag.de,
www.facebook.com/Dr.OetkerVerlag oder www.oetker.de.

Umwelthinweis

Dieses Buch und der Einband wurden auf
FSC-zertifiziertem, chlorfrei gebleichtem
Papier gedruckt. Die Einschrumpffolie – zum
Schutz vor Verschmutzung – ist aus umwelt-
freundlichem und recyclingfähigem PE-Material.

FSC
www.fsc.org

MIX
Papier aus verantwor-
tungsvollen Quellen
FSC® C043954

Copyright

© 2015 by Dr. Oetker Verlag KG, Bielefeld

Redaktion

Carola Reich, Annette Riesenberg

Vorwort- und Ratgebertext

Klaus Schäfer, Bonn

Titelfoto

Thomas Diercks, Hamburg

Innenfotos

Walter Cimbal, Hamburg (S. 7–13, 19–23, 27–33, 37–59,
63, 67, 69, 76, 80, 85, 89, 92, 93)
Janne Peters, Hamburg (S. 17, 25, 35, 60, 65, 79, 83)
Axel Struwe, Bielefeld (S. 14, 71, 87, 91)
Brigitte Wegner, Bielefeld (S. 75)

**Rezeptentwicklung und
Foodstyling**

Hermann Rottmann, Hamburg

**Rezeptüberarbeitung und
-beratung**

Anke Rabeler, Berlin

**Wir danken für die
freundliche Unterstützung**

Peter Kölln, Elmshorn
mariannedesign.nl

**Grafisches Konzept und
Titelgestaltung**

küstenwerber, Hamburg

Gestaltung

MDH Haselhorst, Bielefeld

Satz

Junfermann Druck & Service GmbH & Co. KG, Paderborn

Reproduktionen

d & d digital data medien GmbH, Bad Oeynhausen

Druck und Bindung

PHOENIX PRINT GmbH, Würzburg

ISBN: 978-3-7670-0896-0